La 25ᵉ Heure

La 25e Heure

Les secrets de productivité
de 300 startuppers qui cartonnent

GUILLAUME DECLAIR
BAO DINH
JÉRÔME DUMONT

Édition revue et augmentée en mai 2018
ISBN : 978-2-9562474-0-1
Dépôt légal : juin 2018
Prix : 14,90 € TTC

Table des matières

A tous ceux qui tapent au clavier avec un seul doigt.
Et à ceux que cela exaspère.

Préface

Lorsque Jérôme m'a demandé d'écrire la préface de cet ouvrage, j'ai rapidement dit oui. Pourtant, il m'aura fallu près de deux semaines pour commencer l'écriture de ces quelques lignes, sur un coin de table, trente-cinq minutes avant mon prochain rendez-vous. Je me lance maintenant, exaspéré par ma propre médiocrité face à cette tâche sur laquelle je me suis engagé et que je ne délivre pas faute de pression ou d'échéance précise.

Nous sommes résistants à l'accomplissement, c'est la nature de l'homme, animale et court-termiste. Il sera toujours plus facile de détruire que de construire, de se faire plaisir plutôt que de se contraindre, de regarder un horizon proche plutôt que lointain.

Pourtant, nous rêvons tous de tendre vers une meilleure version de nous-mêmes.

Alors face à notre nature capricieuse, comment réussir à bâtir une discipline efficace et heureuse qui nous permette à chacun, en étant organisé comme une machine, de vivre comme un humain ?

Les méthodes de développement personnel, c'est comme les régimes minceur, ce sont des best-sellers que les gens s'arrachent sans jamais arriver à les appliquer. Non pas qu'elles sont mauvaises ou inadaptées, mais elles sont souvent le résultat d'expérimentations réussies, issues d'un processus personnel, long et itératif. Il n'existe rien de soudain dans l'amélioration de soi. Et c'est ici que se cache la recette de votre réussite personnelle : il faut chasser le progrès et non la perfection.

Pour cela, il y a trois étapes à suivre. La première, c'est de prendre le recul nécessaire pour contempler son état brut et réel afin de se maîtriser avec justesse et authenticité. Ensuite, conditionnez-vous à réussir cette expérimentation, avec patience et résilience, il faut penser long terme. Ce sont les escrocs et les imposteurs qui pensent court terme. Enfin, vous vous apprêtez à gravir un temple dont vous ne voyez pas le sommet. Ne vous découragez pas, n'essayez pas de sauter les étapes, n'accélérez pas.

Suivez votre rythme, chaque marche que vous montez vous fait progresser.

N'exigez pas de vous-même une excellence de tous les instants, acceptez les moments de faiblesse pour mieux vous reprendre dans le périmètre que vous vous êtes fixé, savourez les victoires. Les chapitres qui suivent ne sont donc pas à appliquer dans l'urgence, mais bel et bien en conséquence de l'organisation que vous aurez décidé de suivre.

Bonne chance.

JEAN DE LA ROCHEBROCHARD

Jean est associé chez Kima Ventures. Lancé par Xavier Niel, Kima Ventures est le fonds d'investissement le plus actif au monde avec plus de 100 opérations réalisées chaque année. Jean siège également au conseil d'administration de plusieurs startups à succès dont Zenly ou Payfit. Un des secrets de sa réussite ? Son organisation personnelle, qu'il décrit dans une intervention qu'il donne régulièrement chez The Family : « Human Machine – comment s'organiser comme une machine pour vivre comme un humain ? »

Avant de commencer...

LA VIE EST COURTE

Commençons par une image... ou plutôt : une succession de points.

Chacun de ces points représente un mois de votre vie.

Vous avez souvent l'impression que votre vie est une succession infinie de mois qui s'enchaînent les uns après les autres, mais les voici juste là, sous vos yeux. Un par un. Si vous avez 30 ans, 60 ans ou 90 ans, voici exactement où vous vous situez :

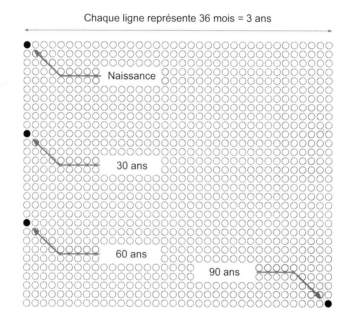

Cette visualisation, que nous avons reprise de Tim Urban, l'auteur du génial blog WaitButWhy, nous montre une chose : que notre vie n'est pas infinie. Et qu'elle est trop courte pour ne pas en tirer le maximum.

Dans ce contexte, la productivité, ce n'est pas un objectif, c'est un moyen. Un moyen pour passer le moins de temps possible sur des tâches rébarbatives et ennuyeuses, pour libérer du temps pour faire ce qui nous rend vraiment heureux. En bref, pour ne pas passer à côté de sa vie.

Partir à l'aventure au bout de la planète.
Refaire le monde pendant un dîner entre amis.
Rentrer plus tôt chez soi pour voir ses enfants grandir.
Bosser sur des projets qui nous passionnent vraiment.

LE PARADOXE DU PROGRÈS — POURQUOI TRAVAILLE-T-ON DE PLUS EN PLUS ?

Si vous viviez il y a trois siècles, pour acheter assez de bougies pour vous éclairer pendant la lecture de ce livre, il vous aurait fallu travailler pendant six heures. Aujourd'hui, grâce à l'augmentation des revenus et aux progrès techniques qui ont fait drastiquement baisser le coût des ampoules[1], pour obtenir la même quantité de lumière artificielle, vous n'avez besoin de travailler que pendant une demi-seconde.

Depuis le début de la révolution industrielle, la productivité a énormément augmenté dans presque tous les secteurs économiques. Résultat : le nombre d'heures travaillées par personne a très largement diminué sur la période, malgré l'augmentation énorme de notre niveau de vie. Chez les ouvriers, le constat est sans appel :

---

[1] Matt Ridley, The Rational Optimist (2010)

Semaine de travail moyenne d'un ouvrier
en Amérique du Nord et en Europe Occidentale[2]

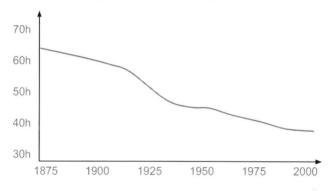

En 1930, l'économiste Keynes prédisait même qu'au XXIe siècle, avec les gains de productivité qui allaient arriver, nous n'aurions besoin de travailler que 15 heures par semaine.

Pourtant, depuis quelques années, tout semble s'être arrêté.

Avec la troisième révolution industrielle et l'explosion des technologies de l'information et de la communication, les gains de productivité ont certes initialement progressé, mais ont fini par s'écrouler. Entre 2010 et 2016, la productivité en Amérique du Nord et en Europe Occidentale a progressé de seulement 0,5% par an, un

---

[2] Huberman & Minns (2007) – The times they are not changin': Days and hours of work in Old and New Worlds, 1870–2000. Explorations in Economic History, 44(4):538–567.

record historiquement bas.[3] Ce qui donnerait presque raison au prix Nobel d'économie Robert Solow qui disait déjà en 1987 : « les ordinateurs sont partout, sauf dans les statistiques de productivité ».

Les horaires de travail ne diminuent plus… bien au contraire. Aux Etats-Unis, depuis 2001, la semaine de travail des employés à temps plein est stable voire en légère augmentation à plus de 47 heures par semaine[4]. En France, la semaine de travail des cadres a même augmenté, en passant de 42,6 à 44,1 heures par semaine entre 2003 et 2011[5].

Le temps des déjeuners à rallonge avec ses collègues est révolu : on entend en permanence les cadres dire qu'ils sont *sous l'eau*, on voit ses amis rester tard au bureau ou bosser le week-end et le *burn-out* est entré dans notre vocabulaire de tous les jours. Les « cols blancs » sont devenus les nouveaux « cols bleus ».

Pourquoi les machines ont-elles permis aux ouvriers de travailler moins alors que les nouvelles technologies n'ont

---

[3] Rapport McKinsey « Solving the productivity puzzle: the role of demand and the promise of digitization », Février 2018

[4] Source : Gallup Work and Education Surveys conduits en août de chaque année

[5] Enquête DARES sur les cadres et professions intellectuelles supérieures des secteurs concurrentiels non agricoles

pas eu le même effet sur le temps de travail des cadres ? La question est légitime : alors qu'avant on ne pouvait compter que sur son papier et son stylo, on dispose aujourd'hui d'énormément d'outils numériques pour accélérer son quotidien, traiter des informations et automatiser des tâches.

Une des raisons principales : nos nouvelles méthodes de travail nuisent à notre efficacité. On perd trop de temps en réunion, on se laisse interrompre en permanence en *open-space*, on passe sans cesse d'une tâche à l'autre sur son ordinateur ou son smartphone, on est inondé d'e-mails et de messages qui nuisent à notre concentration... Au final, on ne travaille pas beaucoup, mais on passe beaucoup de temps au travail.

Ce qu'on veut expliquer dans ce livre, c'est que les nouvelles technologies ne devraient pas nous accabler de travail, mais au contraire nous en libérer. Nous devons inverser notre relation au numérique pour en devenir le maître plutôt que l'esclave. Au lieu d'en subir la pression permanente, apprendre à en tirer parti pour s'organiser, se concentrer et accélérer sa vitesse de travail. En somme, laisser le numérique effectuer les tâches rébarbatives à sa place pour se concentrer sur les aspects les plus créatifs et intéressants de son travail et de sa vie.

HEUREUX SERONT LES PARESSEUX

Réussir à devenir productif, c'est avant tout une question d'état d'esprit. Qui peut se résumer en un mot : il faut apprendre à devenir paresseux.

Dès qu'on travaille sur une tâche longue, répétitive ou ennuyante, on doit se demander « qu'est-ce que je peux changer dans ma façon de travailler pour éviter de me retrouver dans cette situation la prochaine fois ? ».

Prendre ce temps de réflexion malgré les urgences du quotidien est loin d'être évident. La solution de facilité sera toujours de rester en pilote automatique et de continuer à faire *comme avant*. Exemples :

> Subir des réunions inutiles chaque semaine au lieu de réorganiser son calendrier une bonne fois pour toutes

> Faire soi-même une tâche rébarbative plutôt que de former quelqu'un pour qu'il s'en occupe

> Supprimer manuellement une newsletter promotionnelle au lieu de se désabonner

On doit au contraire entrer dans une logique *d'investissement*, c'est-à-dire faire un effort à court terme pour obtenir un retour sur le long terme. En fait, il faut raisonner comme une entreprise le ferait : celles qui gagnent sur le long terme sont celles qui investissent.

Si vous avez laissé passer une semaine entière sans avoir changé quelque chose à votre façon de travailler, c'est sans doute que vous ne vous remettez pas assez en question. Les investissements successifs qu'on réalise sur soi-même doivent permettre d'entrer dans une logique d'amélioration continue, afin d'être meilleur de jour en jour :

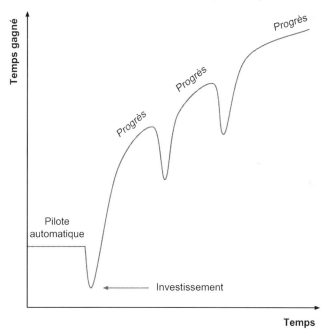

Attention, vos progrès pourront vous paraître insignifiants au départ. Si vous mettez en place une méthode qui vous permet d'aller 1 % plus vite, vous aurez gagné moins d'une demi-heure sur une semaine de 40 heures. A peine perceptible pour un collègue ou même pour vous. Ce sont vos gains de productivité cumulés dans le temps qui vont faire la différence. Si vous faites l'effort d'investir régulièrement dans de nouvelles méthodes et que vous gagnez 1 % de temps de travail d'une semaine sur l'autre, à la fin de l'année, vous n'aurez plus besoin que de 24 heures pour terminer votre semaine de boulot… En plus, vous constaterez un véritable « effet cliquet » : une fois que vous aurez mis en place une nouvelle technique de travail, vous apprécierez tellement le temps gagné qu'il vous sera quasiment impossible de revenir en arrière. Pour vous motiver, dites-vous donc que chaque investissement initial vous paiera des intérêts par la suite.

Voici donc le secret de la productivité : des petites améliorations graduelles qui finissent par faire d'énormes différences. Vous avez peut-être quelqu'un autour de vous pour qui tout semble facile, qui arrive à réussir dans son travail sans terminer tard, à avoir une vie de famille épanouie et à enchaîner les projets personnels passionnants. Ne croyez pas que cette personne est productive par nature. On ne naît pas productif. Sans qu'elle en soit forcément consciente, cette personne a investi du temps petit à petit, jour après jour, pour développer des compétences et des techniques de travail qui ont fini par produire de grands résultats sur le long terme. La meilleure illustration ? Une étude[6] sur 50 000 employés a récemment montré que ceux qui utilisaient les navigateurs Chrome et Firefox sur leur ordinateur étaient plus performants que ceux qui étaient restés sur Internet Explorer ou Safari : les premiers atteignaient leurs objectifs 25 % plus vite que les autres. L'explication avancée par les chercheurs après une enquête approfondie : si vous faites l'effort de ne pas rester sur l'option installée *par défaut* sur votre ordinateur, c'est que vous savez sortir des sentiers battus et que vous *investissez* du temps dans votre amélioration personnelle.

Vous aussi, investissez du temps pour vous améliorer petit à petit et ne vous découragez pas si les progrès semblent imperceptibles au départ. Un jour, vous prendrez du recul et vous réaliserez les énormes progrès que vous avez faits.

COMMENT ON A ÉCRIT CE LIVRE EN UN WEEK-END (OU PRESQUE)

Nous, c'est Bao, Jérôme et Guillaume. Quand on a commencé à travailler, on a fait comme pas mal de monde : on a souvent bossé tard le soir, parfois même le week-end, on

---

[6] Analyse des données de 50 000 candidats par la société Cornerstone OnDemand ayant postulé en ligne pour des métiers d'opérateur en centre d'appels. Les employés utilisant Chrome et Firefox ont ensuite atteint un niveau de satisfaction client en 90 jours que les autres ont mis 120 jours à atteindre.

s'est souvent senti débordé au boulot... A l'université ou en entreprise, on nous apprend surtout des compétences techniques : étrangement, on ne reçoit jamais de cours ni de formations pour apprendre à bosser plus efficacement.

Mais petit à petit, on a développé tous les trois la même obsession : booster notre productivité pour passer le moins de temps possible sur ce qui nous ennuie et le plus de temps possible sur ce qui compte vraiment. On a commencé à lire pas mal de bouquins et de blogs sur le sujet, à en discuter autour de nous, à tester de nouvelles méthodes de travail... Ça ne veut pas dire qu'aujourd'hui, notre vie consiste à siroter des cocktails sur une plage des Bahamas. Simplement, on pense être devenu assez efficace pour 1/ avoir beaucoup plus d'impact dans notre travail et nos projets et 2/ passer un peu moins de temps avec nos collègues et un peu plus avec notre famille et nos potes.

Un soir, on s'est dit qu'on commençait à avoir assez de matière à partager sur le sujet pour y consacrer un bouquin. Mais pour l'écrire, on a voulu d'abord demander un peu d'aide aux startuppers. Les meilleurs d'entre eux ont un point commun : celui de réussir à avoir un impact fort avec des ressources financières et un horizon de temps limités. De leur point de vue, travailler efficacement, c'est souvent une question de vie ou de mort pour leur entreprise. Pour recevoir des conseils sur la meilleure manière de gérer son temps, ils constituent donc la population idéale. Si on veut avoir des conseils sur la meilleure manière de gérer des ressources en eau, mieux vaut s'adresser à un bédouin du désert plutôt qu'à un pêcheur irlandais.

On a donc envoyé un e-mail à nos amis et contacts entrepreneurs en leur posant une question simple : « quel est LE truc qui te fait gagner le plus de temps au quotidien ? » Pour être honnête, on pensait recevoir quelques réponses laconiques… En fait, plus de 200 d'entre eux nous ont répondu, et le plus souvent avec un grand enthousiasme. Et si on pensait dialoguer par écrit, beaucoup ont préféré en discuter de vive voix autour d'un déjeuner ou d'un café.

Avec les centaines de conseils qu'on a réunis, on a décidé de louer une voiture et de partir s'isoler un week-end dans la maison de famille de Jérôme, en Normandie. On a sorti les ordis et on s'est mis à écrire d'une traite. Le dimanche soir, on avait la première version du livre.

Six mois plus tard, suite au succès que le livre a rencontré en France, nous avons décidé d'écrire une édition internationale (celle que vous tenez entre les mains), en complétant la version initiale avec des contributions d'entrepreneurs du monde entier. Plus de 100 d'entre eux nous ont répondu, avec toujours autant d'enthousiasme. Ces nouveaux conseils, notamment ceux des fondateurs américains, nous ont permis d'enrichir le livre avec de nouvelles perspectives : management des équipes, intelligence artificielle, enceintes connectées...

Un petit aperçu des profils des 300 startuppers qui ont contribué à ce livre :

> des co-fondateurs de startups françaises : Blablacar, Chauffeur Privé, Le Slip Français, The Family, Le Petit Ballon, Lydia, MyLittleParis, Bankin', Bobbies...
> des co-fondateurs de startups internationales : Spotify, Casper, Instacart, Hired, Product Hunt, Tech Stars, Made, Txfy, AngelList, NowThis...
> des serial entrepreneurs : les fondateurs de la Fourchette, Fotolia, Multiposting, Smartbox...
> des directeurs de fonds d'investissement : ISAI, Partech Ventures, Kima Ventures...
> des jeunes entrepreneurs qui ont créé leur boîte depuis quelques mois ou quelques années, recrutent leurs premiers employés et/ou lèvent leurs premiers fonds.

L'ÉQUATION DE LA PRODUCTIVITÉ

Les livres de développement personnel ont parfois tendance à être un peu trop bavards au lieu d'aller droit à l'essentiel. Dans *La 25e Heure*, on a plutôt choisi de faire court, intense et actionable. La productivité suit une équation assez simple :

$$\textbf{Travail accompli}$$

$$=$$

$$\textbf{(Temps passé)}$$
$$\textbf{x}$$
$$\textbf{(Intensité de concentration)}$$
$$\textbf{x}$$
$$\textbf{(Rapidité d'exécution)}$$

Les trois règles d'or de la productivité sont donc les suivantes :

> S'organiser : pour allouer assez de temps à chaque tâche.

> Se concentrer : pour dédier le plus d'attention possible à chaque tâche.

> Accélérer : pour exécuter chaque tâche le plus rapidement possible.

Nous avons donc naturellement découpé le livre en trois chapitres :

> Chapitre 1 : Organisation

> Chapitre 2 : Concentration

> Chapitre 3 : Accélération

Bien sûr, l'importance de chacun de ces trois leviers variera fortement en fonction de votre position dans l'entreprise. En théorie, un junior a surtout besoin de produire et donc de se *concentrer* et *d'exécuter* le plus vite possible. Il est encadré par un manager dont le rôle est entre autres de l'aider à *organiser* ses journées. Quant au dirigeant, il doit non seulement *organiser* son temps efficacement mais il a aussi besoin d'une capacité de *concentration* qui lui permette de réfléchir, développer une vision pour son entreprise et de résoudre les problèmes les plus complexes. Dans tous les cas, il n'est jamais trop tôt pour investir dans l'apprentissage de ces leviers (ni jamais trop tard d'ailleurs) :

*Importance des leviers en
fonction de votre position dans l'entreprise*

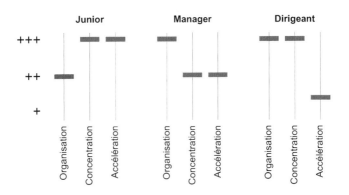

Autre chose : dans le premier chapitre sur l'organisation, certaines habitudes d'entrepreneurs reposent sur des systèmes de productivité déjà éprouvés. Certains d'entre eux ont fait école auprès d'énormément de personnes, c'est la preuve qu'ils sont solides—nous vous les expliquons donc en détail, en faisant référence aux auteurs initiaux, au cas où vous ayez envie de creuser le sujet encore plus.

Bonne lecture,

JÉRÔME, BAO et GUILLAUME

Jérôme est co-fondateur de l'agence de développement mobile One More Thing Studio. Il a fait son premier Burning Man il y a 10 ans et un tour du monde tout seul en sac à dos, il organise le festival libre Opal aujourd'hui. Guitariste, motard et cataphile à ses heures perdues.

Bao est directeur Europe, Moyen-orient et Afrique de l'appli de réservation d'hôtels à la dernière minute HotelTonight. Il a fait un tour du monde avec une valise à roulettes et aime inviter des cuisiniers de Top Chef chez lui pour essayer de choper leurs tips.

Guillaume est co-fondateur du média Merci Alfred et de la marque de mode responsable Loom. Il est aussi co-auteur des Topos, des articles longs mais pas (trop) ennuyants sur des sujets comme l'éducation ou le bonheur.

Si jamais les pages de ce livre ont pu vous aider de quelque manière que ce soit, on serait ravi d'avoir de vos nouvelles par mail : hey@25hbook.com. Vous pouvez aussi nous retrouver sur Facebook, Linkedin ou Twitter sous le nom 25hbook.

Nous allons vous parler de pas mal d'outils dans ce livre. Retrouvez l'ensemble des liens sur www.25hbook.com/ outils. Si vous voulez recevoir votre grille de vie personnalisée avec le nombre de mois qu'il vous reste, envoyez un e-mail à mavie@25hbook.com avec votre date de naissance au format jj-mm-aaaa dans le sujet.

Et si vous pensez que cette lecture pourrait aussi servir à vos collègues, vous pouvez faire des commandes groupées du livre sur www.25hbook.com/entreprises. Et on peut même se déplacer : jetez un coup d'oeil sur www.25hbook.com/conf

CHAPITRE 1

S'ORGANISER

Il s'est passé 8000 ans entre la révolution agricole et la révolution industrielle, 120 ans entre la première révolution industrielle et l'invention de l'ampoule, 90 ans entre l'invention de l'ampoule et le premier voyage sur la lune, 22 ans entre le premier voyage sur la lune et la création d'internet, 9 ans entre la création d'internet et le séquençage intégral de l'ADN.

Le développement des technologies n'a jamais été aussi rapide qu'aujourd'hui. C'est ce que le scientifique et futurologue Ray Kurzweil appelle la Loi des Retours Accélérés. Comme on peut s'appuyer sur les technologies existantes pour développer les nouvelles, le progrès technique ne suit pas une croissance linéaire mais exponentielle. C'est plus facile de séquencer de l'ADN avec un ordinateur surpuissant du XXIème siècle qu'avec la machine à calculer de Blaise Pascal.

Mais ce n'est pas tout : les technologies n'ont jamais été *adoptées* aussi rapidement qu'aujourd'hui. Pour atteindre 80 % de taux de pénétration dans le monde, le téléphone fixe a mis 80 ans, le téléphone portable 30 ans, le smartphone seulement 10 ans.

L'avenir laisse présager des changements encore plus rapides que ceux qu'on a connus jusqu'à aujourd'hui, notamment avec la convergence des technologies NBIC (nanotechnologies, biotechnologies, informatique, sciences cognitives).

Dans ce contexte, les entreprises doivent s'adapter à ces bouleversements toujours plus rapides. Tous les secteurs d'activité connaissent ou vont connaître une forme de disruption. Hier, c'était la musique avec le streaming, la grande distribution avec Amazon, l'hôtellerie avec Airbnb… Demain, ce sera l'automobile avec la voiture autonome, la santé avec les nanotechnologies, la banque/assurance avec la digitalisation. En 2018, parmi les 10 capitalisations boursières les plus élevées du monde, 7 sont des entreprises qui n'existaient même pas il y a seulement une génération (Apple, Alphabet, Microsoft, Amazon, Facebook, Alibaba et Tencent).

Les plans stratégiques à 10 ans n'ont plus beaucoup de sens aujourd'hui. Les entreprises doivent maintenant s'adapter en permanence à un contexte incertain, et ajuster leurs priorités chaque année voire chaque trimestre.

Chaque salarié doit à son tour sans cesse s'adapter aux priorités changeantes de son entreprise : développer un nouveau produit rapidement pour faire face à un nouvel entrant sur le marché, adopter les dernières technologies pour répondre à l'évolution des usages, explorer les opportunités liées à la blockchain ou au machine learning… Cela signifie toujours plus de projets et de tâches pour chacun.

Dans ce tourbillon d'informations, la ressource la plus rare, c'est votre temps. Vous devez donc mettre en place une organisation, un « système de productivité », qui vous permettra d'allouer suffisamment de temps et d'énergie aux projets importants. C'est l'objectif de ce chapitre.

S'ORGANISER

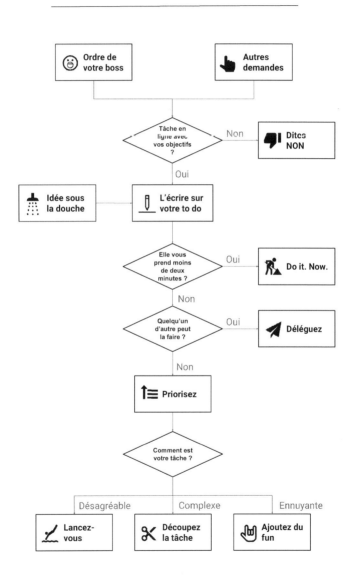

LA PUISSANCE DU NON

Pourquoi dire non

La productivité, ce n'est pas faire beaucoup de choses, c'est choisir ses batailles en fonction des objectifs qu'on s'est fixés. Or, au quotidien, quel que soit votre job, on vous assigne en permanence de nouvelles tâches à accomplir : les ordres directs de votre boss, les e-mails de partenaires potentiels ou de vos collègues, les invitations à des réunions, etc. Votre boîte mail est en fait une *to do list* géante dans laquelle n'importe qui peut ajouter une tâche. Si vous dites oui à tout, votre journée peut se remplir très vite :

« Oui, je vais étudier ce nouveau partenariat »

« Oui, je viendrai avec toi à ce rendez-vous »

« Oui, j'irai à cette conférence »

« Oui, je recevrai ton ami en entretien »

Il existe deux raisons qui expliquent pourquoi vous avez tendance à dire « oui » trop souvent.

Première raison : vous n'avez pas défini vos objectifs personnels suffisamment clairement.

En l'absence d'objectifs bien précis, vous êtes en situation de passivité par rapport aux innombrables sollicitations de votre journée. Le seul indicateur qui reflète l'accomplissement de votre travail, c'est le temps que vous passez au bureau. Vous avez donc tendance à allonger vos horaires inutilement. Pour reprendre le contrôle sur votre emploi du temps, il faut être dans une démarche proactive, avec un cap clairement défini. Vous devez être capable de répondre de manière précise aux questions « quels sont mes objectifs principaux ? » ou « quels sont mes objectifs de ce trimestre ? ». Vous pourrez ensuite répondre aux différentes sollicitations en fonction. Beaucoup d'entrepreneurs que nous avons rencontrés pouvaient citer leurs objectifs moyen et long terme de façon claire et précise.

Deuxième raison : vous dites oui aux sollicitations par simple peur de vexer ou de blesser vos interlocuteurs.

Il faut changer ce mode de pensée : en réalité, accepter quelque chose malgré vous ne représente pas une marque de respect envers votre interlocuteur. Au contraire, vous risquez de le décevoir par votre manque de motivation quand vous ferez cette tâche contre votre gré. Prenez le temps de décliner une sollicitation en expliquant les raisons, et vous montrerez à votre interlocuteur que vous respectez son temps.

Dire non est d'autant plus important qu'à mesure que vous évoluez dans votre carrière, le nombre de sollicitations a tendance à augmenter de manière exponentielle. En théorie, comme votre capacité à absorber les nouvelles tâches reste relativement stable, vous devez décliner de plus en plus de sollicitations à mesure que les années passent. Pour vous donner une idée, le fondateur d'une grosse startup nous a confié refuser aujourd'hui environ 19 sollicitations sur 20. Dans ces conditions, avant de dire oui à quelque chose, pesez vraiment le pour et le contre : pour un seul oui, vous devrez dire non plusieurs fois.

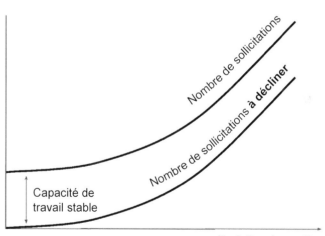

L'illusion de fréquence – pourquoi il est important de garder toujours ses objectifs en tête

Note : tous les cadres de ce type présents dans le livre permettent de creuser certains sujets ou de présenter certains outils.

Bien garder vos objectifs en tête vous permettra de mieux reconnaître les opportunités parmi toutes les idées auxquelles vous êtes exposé toute la journée, quand vous discutez avec un collègue, que vous êtes en rendez-vous client ou que vous lisez un article.

Sans qu'on s'en aperçoive, notre attention est très sélective. Vous l'avez peut-être remarqué : quand on a quelque chose de nouveau en tête, on a l'impression de le voir beaucoup plus souvent qu'il n'est statistiquement possible. Quand on vient d'apprendre un nouveau mot, on a l'impression que les gens autour de soi l'utilisent tout le temps. Si on décide d'acheter un appartement, on a soudain l'impression de tomber subitement sur plein d'articles sur l'immobilier… En psychologie comportementale, c'est ce qu'on appelle *l'illusion de la fréquence*. Tous ces signaux existaient déjà avant, mais notre cerveau les avait tout bonnement ignorés. Avoir vos objectifs clairement en tête vous permettra d'être beaucoup plus disponible et de reconnaître les opportunités importantes pour vous.

Comment dire non

Quoi qu'il arrive, dites-vous qu'un « non », à condition qu'il soit un minimum expliqué, vaut toujours mieux qu'une absence de réponse ou qu'un « oui » vous engageant dans une mission que vous ne pourrez pas bien réaliser. Et pour vous, mieux vaut passer une minute à décliner une sollicitation qu'une heure à faire une tâche inutile. Voici un exemple de réponse possible destinée à refuser une sollicitation de déjeuner, telle que nous l'a retranscrite un entrepreneur :

Hello Martin – merci pour ton intérêt pour [ma boîte]. J'aurais beaucoup apprécié déjeuner avec toi, mais en ce moment, j'essaie de condenser au maximum mes journées pour garder un peu plus de temps pour moi. Si tu as des questions précises, envoie-les moi par e-mail et je me ferai un plaisir d'y répondre.

L'accroche, c'est tout simplement pour rester sympa avec la personne qui vous sollicite – vous allez peut-être la recroiser un jour. La deuxième phrase communique un *non* clair. Il est important de ne pas donner une excuse qui laisse une porte ouverte. Bien sûr, l'idéal est de prendre un peu de temps pour personnaliser cet e-mail en fonction de votre interlocuteur. N'oubliez pas : mieux vaut dédier un peu de temps à décliner une sollicitation plutôt que l'accepter et en perdre encore plus.

Si c'est votre boss qui vous demande quelque chose qui vous semble inutile, ça ne change rien : n'ayez pas peur de dire non aussi. Défendez votre point de vue de façon claire et structurée et anticipez les contre-arguments éventuels, toujours calmement et poliment. Si c'est un bon manager, il vous estimera d'autant plus car vous aurez réussi à le challenger et donc à le faire progresser. Les meilleurs managers encouragent la discussion et boostent la carrière de ceux qui ont de vraies convictions. Au pire, si votre manager arrive à vous prouver qu'il ou elle avait raison, vous serez plus motivé à faire ce qu'il vous avait demandé !

Comment dire non aux réunions

« Si vous ne refusez pas au moins 20 % d'invitations à des réunions, c'est que vous gérez mal votre temps. » Sans doute un des conseils les plus utiles qu'on nous ait partagés. Si vous avez comme nous l'impression qu'au moins une personne sur cinq est inutile à une réunion… ce chiffre est tout à fait logique !

La plupart des salariés disent perdre beaucoup trop de temps en réunion et en retirent énormément de frustration. Pourtant, il existe un remède tout simple : les refuser.

Au moment d'accepter une réunion, posez-vous simplement la question : « si j'étais malade ce jour-là, est-ce qu'il faudrait la reprogrammer ? » Si la réponse est non, ça veut dire que vous n'avez pas d'impact significatif sur cette réunion, et que vous n'y êtes donc pas indispensable. Vous y perdrez votre temps, et si c'est une réunion à plusieurs, vous ferez perdre du temps aux autres participants. Déclinez-la de façon polie en disant que vous pensez ne pas pouvoir y apporter suffisamment de valeur ajoutée, mais que vous seriez ravi de recevoir le compte-rendu par e-mail. Et savourez le sentiment de liberté d'y avoir échappé.

Autre solution pour décliner une réunion telle que nous l'a soufflée un entrepreneur : quand on essaie de vous imposer une réunion, essayez de la transformer en une discussion *one-to-one* de trois minutes, cela marche dans 95 % des cas.

ABUSEZ DE LA *TO DO LIST*

Bluma Zeigarnik est une psychologue russe du début du XXème siècle. Un après-midi, assise à une terrasse de café à Vienne, elle a remarqué quelque chose d'un peu étrange. Les serveurs avaient l'air de très bien se rappeler des commandes en cours, mais ils semblaient très vite oublier les commandes déjà servies. Elle formula une théorie : et si on se souvenait toujours mieux des tâches en cours que des tâches terminées ? Elle retourna à son laboratoire pour la tester. Elle proposa à des enfants d'accomplir une série de vingt petits travaux : puzzles, pâte à modeler… A la fin de la journée, quand elle demanda aux enfants de citer les ateliers, les enfants se souvenaient deux fois plus de ceux qu'ils n'avaient pas terminés. C'est ce qu'on appelle aujourd'hui l'effet Zeigarnik : une tâche non achevée prend beaucoup de plus de place dans votre cerveau qu'une tâche achevée.

Et vous le vivez au quotidien. Les très nombreuses tâches en cours que vous devez accomplir vous polluent l'esprit et vous empêchent de vous concentrer. Considérez votre cerveau comme la mémoire vive d'un ordinateur : si vous y intégrez trop d'éléments, il va surchauffer. Vous devez donc à tout prix chasser ce « nuage noir » de pensées parasites, cette *charge mentale* qui vous pèse au quotidien. Et la meilleure solution, c'est de les stocker sur une mémoire externe : votre *to do list.*

Bien sûr, la *to do list*, vous connaissez. Mais dans 95 % des cas, vous la sous-utilisez. Vous devez vous en servir de manière quasi-obsessionnelle. Dès qu'on vous demande de faire quelque chose (que vous ne refusez pas), notez-le tout de suite, sans vous poser de question. Dès que vous avez une idée géniale, en marchant par exemple, écrivez-la tout de suite également. Sur votre ordinateur, sur votre smart-phone, sur un post-it ou une feuille blanche. Peu importe.

En notant toutes vos tâches de manière systématique, votre *to do list* vous libèrera l'esprit. La dernière chose que vous voulez, c'est vous réveiller en sursaut au milieu de la nuit parce que vous vous rappelez soudainement qu'il faut répondre au DRH. Pensez à votre liste de courses : vous la complétez à chaque fois qu'un nouvel achat vous vient à l'esprit ? C'est le même principe.

En plus, écrire ces tâches maximise les chances de vraiment les réaliser. En écrivant une tâche, on s'engage vis-à-vis de soi-même et on fait un premier pas vers sa réalisation. Une étude a été menée sur deux groupes similaires, en demandant aux premiers de penser à leurs objectifs, et aux seconds de les écrire. Résultat : les personnes du second groupe ont atteint en moyenne 40 % d'objectifs de plus que celles du premier groupe[7].

---

[7]   Gail Matthews, professeur en psychologie de la Dominican University of California

Prenez quand même le temps de décrire la tâche à accomplir de la façon la plus précise possible. Ça peut paraître idiot, mais une fois que vous serez sorti du contexte dans lequel vous l'avez couchée sur papier, il n'est pas impossible que vous ne puissiez plus la comprendre. Notre conseil : un verbe actif à l'infinitif, suivi de toutes les informations nécessaires. Exemple : « Récupérer les maquettes graphiques de Flora » – « Rédiger les spécifications fonctionnelles du jeu The Emoji Game » – « Faire 10 propositions de titre pour le livre sur la productivité ». Vous pouvez aussi essayer de formuler vos tâches sous forme de résultat. Exemple : « Réparer la fenêtre cassée » => « La fenêtre est réparée ». Les résultats ont un aspect plus motivant – on préfère l'idée d'avoir une fenêtre réparée que l'action de la réparer. Les deux options sont possibles : le tout est de choisir celle qui vous convient le mieux et de vous y tenir.

Les outils de *to do list*

Si vous vous sentez totalement démuni, voici les outils de *to do list* les plus utilisés :

> La feuille A4 ou le post-it. Honnêtement, ça fait largement le job… jusqu'au moment où vous les perdez.

> Les outils de prise de note basiques fournis avec votre PC ou votre Mac, genre Notepad ou TextEdit. C'est déjà un bon premier pas si vous venez du monde du papier :)

> Les outils de prise de note plus complets. Le plus utilisé de loin, c'est Evernote. Les entrepreneurs que nous avons consultés utilisent aussi Google Keep, Any.do, Trello, Todoist, Remember the Milk. Le principal avantage de ces outils, c'est la synchronisation facile entre vos différents appareils, mais également la recherche rapide, le partage avec vos collègues, la gestion de catégories ou les filtres.

> Très pratique si vous avez les mains chargées ou que vous êtes en train de faire du sport par exemple : Siri ou Google Voice, en disant par exemple « Siri, rappelle-moi de répondre à Thomas quand j'arrive au bureau » (Siri et Google Voice offrent la possibilité de déclencher des rappels géolocalisés !)

Mais honnêtement, le plus important, c'est de choisir un outil et de vous y tenir. Ne passez pas des heures à chercher l'outil idéal, l'essentiel est la manière dont vous vous en servez.

LA RÈGLE DES DEUX MINUTES

David Allen, l'auteur du best-seller *Getting Things Done*, a inventé une règle aussi simple que puissante : la règle des deux minutes. Et vu le nombre de personnes qui nous en ont parlé, on peut dire qu'elle a fait école.

Quand vous regardez votre *to do list*, c'est hyper simple : si une tâche vous prend moins de deux minutes, faites la. Tout de suite. Vous perdriez trop de temps rien qu'à la planifier pour plus tard, ou à la relire encore et encore à chaque fois que vous consultez votre *to do list*.

La magie de cette méthode, c'est qu'on s'aperçoit que la majorité de nos tâches prend moins de deux minutes et qu'on peut très vite diviser par deux ou par trois le nombre de tâches qu'il nous reste à réaliser. Ça vous évitera d'avoir une to do list à rallonge décourageante.

DÉLÉGUEZ, DÉLÉGUEZ, DÉLÉGUEZ

« Si je veux que ça soit bien fait, il faut que je le fasse moi-même. »

« Ça ira plus vite si je le fais moi-même. »

« C'est une tâche ennuyante, donc je vais montrer l'exemple et le faire moi-même ».

Si vous vous êtes reconnu dans une de ces phrases, c'est que vous ne déléguez pas assez. Personne n'est irremplaçable. Vous pouvez *toujours* déléguer si vous consacrez assez de temps et d'énergie pour former vos collègues. Quand vous balayez votre *to do list* du regard, la première question à vous poser, c'est « qu'est-ce que je peux déléguer ? ».

Déléguer ne se résume pas à transférer un e-mail. Dans un premier temps, déléguer vous prendra toujours plus de temps que si vous faisiez les choses vous-même. Vous devrez investir du temps dans la formation et l'accompagnement de la personne à qui vous déléguez. Mais vous devez vous mettre dans une logique où vous acceptez de perdre du temps au départ pour en gagner plus tard. Le retour sur investissement en vaut largement la peine.

Comme nous l'ont dit de nombreuses personnes, le vrai secret de la productivité, ce n'est pas le travail qu'on fait, ce sont les personnes qu'on anime. Si vous êtes manager, c'est à votre équipe que vous devez penser en premier en arrivant au bureau le matin, avant de vous concentrer sur votre travail personnel. Si vous réussissez à la faire avancer dès le début de la journée, vous atteindrez vos objectifs d'autant plus vite.

Comment déléguer efficacement

On n'est pas là pour vous donner un cours de management, mais voici quelques grands principes à respecter quand vous décidez de déléguer. Prenons un exemple ultra-basique : vous demandez à votre stagiaire de réserver un restaurant pour un déjeuner client.

1. Donnez du sens à sa mission. Expliquez-lui l'importance du contrat en jeu pour vous et pour l'entreprise.

2. Donnez un maximum d'éléments de contexte. Donnez-lui l'adresse des bureaux de vos clients et le genre d'endroits qu'ils sont susceptibles d'apprécier.

3. Donnez une deadline claire. Expliquez-lui que vous devez communiquer l'adresse du restaurant à vos clients au plus tard la veille du déjeuner pour qu'ils puissent s'organiser.

4. Formez. Donnez-lui la liste des sites internet qu'il peut utiliser pour rechercher un restaurant. Si vous investissez ce temps maintenant, vous n'aurez plus à le faire la prochaine fois que vous lui demanderez quelque chose.

5. Remerciez. Prenez juste quelques secondes pour exprimer votre reconnaissance, par oral ou même par écrit. Si la tâche n'a pas été bien exécutée, donnez-lui un feedback pour qu'il puisse s'améliorer la fois suivante.

6. Enfin, retenez que lorsque vous déléguez une tâche, vous devez déléguer seulement le résultat attendu; vous ne devez pas imposer le moyen pour y arriver (pas de « micro-management »). Si vous n'avez pas encore entière confiance en la personne à qui vous déléguez, prenez-y vous à l'avance et programmez des points intermédiaires pour qu'elle ne s'enfonce pas dans une mauvaise piste et la ré-orienter le plus rapidement possible.

Pensez aussi qu'au-delà des vos collègues, vous pouvez déléguer à des travailleurs indépendants : les freelances. C'est notamment le cas si vous êtes entrepreneur et que vous devez mener à bien énormément de tâches éloignées de votre coeur de métier, comme par exemple :

> Créer un logo et une identité visuelle

> Construire votre site web

> Rédiger du contenu pour attirer des visiteurs

> Cibler les premiers clients

Ne passez pas des mois à apprendre à utiliser Photoshop ou Wordpress. Laissez les pros faire leur boulot :

> Créer un logo et votre identité visuelle => *freelance graphiste*

> Construire votre site web => *freelance développeur*

> Rédiger du contenu pour attirer des visiteurs => *freelance rédacteur web*

> Cibler les premiers clients => *freelance spécialiste de génération de leads*

C'est beaucoup plus simple que vous ne le pensez : vous pouvez par exemple trouver des freelances très compétents sur des plateformes comme Malt (français) ou Upwork (le plus gros site international, avec plus de 10 millions de freelances).

Si vous voulez l'option moins chère, des freelances du monde entier vous attendent sur Fiverr ou 5euros (l'équivalent français de Fiverr). Ils vous feront le design de votre logo ou créeront des sites web pour des prix dérisoires (quand on dit dérisoire, c'est vraiment dérisoire : ça commence à 5 dollars ou 5 euros, d'où le nom des sites). Bien sûr, pour ce prix-là, on vous refile souvent des modèles tout faits avec une personnalisation minimale. Mais dans certains cas, ça peut suffire...

Il existe un dernier type d'externalisation, pour des tâches très répétitives mais non automatisables : catégoriser des images, remplir des tableaux Excel avec des données sur des entreprises, modérer des contributions texte ou vidéo, faire de la transcription d'audio, etc. Pour ça, il existe le très connu (et également très décrié) Amazon Mechanical Turk, pour qui bossent des centaines de milliers de « tâcherons » du monde entier. A vous de juger si vous voulez aller jusque là.

PRIORISEZ

La règle des trois tâches

Imaginez que vous avez une grande jarre vide posée devant vous, avec trois tas à disposition : un tas de sable, un tas de cailloux et un tas de grosses pierres. Votre mission : mettre le maximum de choses à l'intérieur de la jarre.

Dans quel ordre allez-vous les verser ?

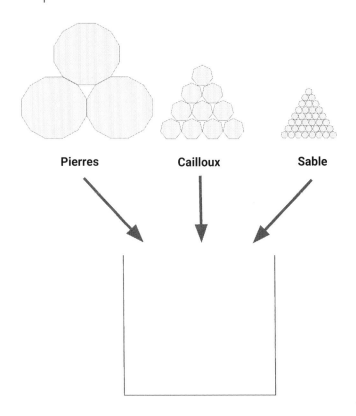

Si vous allez du plus petit au plus gros, en mettant d'abord une couche de sable, puis une couche de cailloux… vous risquez de ne plus avoir de place pour les grosses pierres. En revanche, si vous allez du plus gros au plus petit, ce sera beaucoup plus facile. En commençant par les grosses pierres, les cailloux se glisseront dans les interstices, puis le sable se faufilera entre les cailloux jusqu'au fond de la jarre.

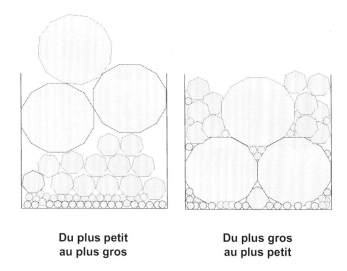

**Du plus petit
au plus gros**

**Du plus gros
au plus petit**

Cette métaphore, c'est celle que Stephen Covey, l'auteur du best-seller *The 7 Habits of Highly Effective People*, utilise pour décrire notre emploi du temps. La jarre, c'est notre journée. Les pierres, les cailloux et le sable, ce sont les tâches que nous devons accomplir. Les pierres symbolisent les tâches les plus importantes, les cailloux celles de moindre importance et le sable les innombrables petites tâches à faible valeur ajoutée. La morale de l'histoire : si nous commençons notre journée par les petites tâches, il sera très difficile d'arriver à accomplir les grandes. Il faut donc à tout prix identifier les « grosses pierres » avec lesquelles commencer notre journée.

Ce conseil, c'est LE conseil qui a été le plus partagé par les entrepreneurs que nous avons consultés, sous la forme de *la règle des trois tâches.* Avant de commencer leur journée, ils oublient momentanément la tyrannie de l'urgence et identifient les trois tâches importantes à effectuer à tout prix avant le soir-même. Puis ils se bloquent du temps pour les réaliser.

Pourquoi trois, et pas deux ou quatre ? Ce chiffre peut paraître assez arbitraire. Difficile à expliquer autrement que par : *ça marche.* Si de nombreuses personnes gardent cette règle après des années de pratique, c'est que ce chiffre n'est ni trop bas, ni trop haut.

Vous aussi, chaque matin (ou encore mieux la veille au soir), posez-vous la question : « quelles sont les trois choses que je dois absolument accomplir aujourd'hui ? » Autrement dit, « quelles sont les trois choses que je dois réaliser pour être satisfait de mon travail à la fin de ma journée ? ».

Sachez que cette règle des trois tâches s'est souvent accompagnée d'un deuxième conseil : « commencez votre journée par votre tâche la plus difficile ». Si vous débutez par les tâches faciles, comme répondre à vos e-mails ou lire vos newsletters, vous commencez votre journée par de la procrastination – et vous devrez rattraper votre retard jusqu'au soir. Le matin est en général le moment où vous avez le plus d'énergie – vous devez profiter de ce moment-là pour exécuter la tâche la plus complexe. Une fois que vous vous en serez débarrassé, vous vous sentirez mieux et tout le reste de votre journée vous semblera beaucoup plus facile. Mark Twain disait : « commencez votre journée en mangeant un crapaud vivant, rien de pire ne pourra arriver ensuite » (on est assez d'accord).

Le timeboxing

Après avoir défini ces trois tâches, vous devez les « timeboxer », autrement dit leur allouer un créneau de la durée nécessaire pour les terminer, un peu comme un rendez-vous organisé avec vous-même. Le fait d'inscrire ce créneau à votre agenda vous empêchera de prévoir des réunions à la place et vous garantira d'avoir un moment dédié pour boucler le sujet une bonne fois pour toutes. Si vous appliquez la règle des trois tâches, vous aurez au moins deux ou trois créneaux *timeboxés* chaque jour, et mécaniquement, vous enchaînerez moins de réunions. Cet équilibre entre créneaux *timeboxés* et vraies réunions vous aidera à maintenir un bon niveau d'énergie toute la journée. Bien entendu, pour éviter qu'on vous cale trop de réunions dans la semaine qui étoufferont votre agenda, vous pouvez timeboxer des créneaux en avance. Même si vous ne savez pas encore ce que vous allez précisément y faire. Certains entrepreneurs les intitulent par exemple « temps de travail » ou tout simplement « ne rien programmer ».

La plupart des entrepreneurs nous ont confié se bloquer plutôt des créneaux d'une heure ou deux, mais vous pouvez fixer une durée différente. Vous pouvez par exemple appliquer la méthode « Pomodoro », en découpant votre temps en sous-créneaux de 25 minutes, avec 5 minutes de pause entre chacun. Cette méthode a été conceptualisée par un chercheur italien, qui a établi que la période de concentration maximale du cerveau était de 25 minutes, et qui a appelé sa méthode « pomodoro » du nom du minuteur de cuisine en forme de tomate (c'était sans doute un chercheur qui avait un bon sens du marketing). Vous pouvez aussi choisir des durées beaucoup plus longues : par exemple, pendant le weekend où on a attaqué ce livre, on bossait sur des créneaux de deux heures avec dix minutes de pause… et ça a plutôt bien marché :)

En tout cas, quelle que soit la durée des créneaux *timeboxés*, votre calendrier doit être central dans la structuration de votre journée. On a parfois tendance à n'y inscrire que les rendez-vous et les réunions… C'est très dommage. Si vous ne remplissez pas votre calendrier, ce sont les autres qui vont rythmer votre journée de travail à votre place. Vous serez par exemple tenté de traiter immédiatement les e-mails ou toutes les autres sollicitations que vous recevrez en cours de journée, ce qui ne vous laissera plus assez de temps pour avancer sur vos propres priorités. Pour structurer efficacement son temps, il faut utiliser un outil de structuration du temps. C'est le rôle d'un calendrier. On doit donc y inscrire tous les gros blocs de sa journée, réunions comme sessions de travail personnelles.

Voici ci-dessous deux exemples d'agendas – on vous laisse voir celui dans lequel vous vous reconnaîtrez le plus :

> un agenda « idéal » : trois tâches *timeboxées*, réunions courtes et peu nombreuses, traitement des e-mails concentré sur trois moments de la journée, vrai temps de pause déjeuner…

> un calendrier à revoir : aucune tâche *timeboxée*, réunions trop longues et trop nombreuses, deadlines qui saturent inutilement l'agenda (pas besoin d'inscrire de deadlines à son agenda si on s'est *timeboxé* des créneaux quelques jours plus tôts pour boucler les projets concernés), pause déjeuner express…

Agenda qui fonctionne

8h	
9h	*Morning routine* (*e.g.* petit déjeuner, méditation, lecture, priorisation des tâches...)
10h	Tâche 1 *timeboxée*
11h	Session e-mails (1/3)
	Tâche 2 *timeboxée*
12h	Réunion 1
13h	Déjeuner
	Session e-mails (2/3)
14h	Réunion 2
15h	Tâche 3 *timeboxée*
	Appel Client
16h	Réunion 3
17h	
	Session e-mails (3/3)
18h	
19h	
20h	

Agenda qui déconne

(temps passé à traiter ses emails)
Réunion 1
Réunion 2
Réunion 3 | Réunion 4
Déjeuner
(temps passé à traiter ses emails)
Deadline Projet A
(temps passé à traiter ses emails)
Point individuel
Deadline Projet B
(temps passé à traiter ses emails)
Réunion 5 | Réunion 6
(temps passé à traiter ses emails) | Réunion 7
(temps passé à traiter ses emails)
Réunion 8

Le temps hors connexion

Si vous en avez, profitez à fond de vos trajets en train ou en avion pour avancer sur vos sujets prioritaires.

Considérez l'absence de connexion au réseau comme une chance : plusieurs entrepreneurs nous ont confié profiter de ces moments à l'abri des e-mails, sms et notifications pour travailler sur des sujets qui demandent beaucoup d'attention. Si vous voulez avancer sur des rapports ou des présentations et que vous travaillez sur Google Docs ou Slides, activez l'option « mode hors connexion » dans les paramètres de Google Drive (drive.google.com) avant de partir, ça ne vous prendra que cinq secondes. Si vous voulez vous faire une grosse session d'écriture d'e-mails et que vous travaillez sur Gmail, activez également l'option « mode hors connexion » dans les paramètres.

Les tâches passives d'abord

Quand on dit tâches « passives », on ne parle bien sûr pas des tâches où vous n'avez absolument rien à faire. On parle des tâches passives à 90 %, mais qui exigent quand même une action de notre part pour les amorcer. Ce sont :

> Les tâches « déléguées » : briefer un prestataire, confier un dossier à quelqu'un de votre équipe…

> Les tâches « à délai » : demander une autorisation à un service administratif, télécharger un fichier très lourd, allumer votre four…

Si vous avez le choix entre commencer une tâche active et une tâche passive, choisissez toujours la deuxième. Pourquoi ? Parce que la tâche passive est réalisée par d'autres et qu'une fois lancée, vous n'avez plus qu'à attendre qu'elle soit réalisée. Vous pouvez donc vous atteler à vos tâches actives en parallèle. Vous hésitez entre briefer un graphiste (tâche passive) et vous attaquer à une présentation (tâche active) ? Briefez le graphiste d'abord : il travaillera pendant que vous faites vos slides. Vous hésitez entre poster une annonce de job (tâche passive) et écrire un long rapport (tâche active) ? Postez l'annonce d'abord : des candidats pourront commencer à postuler pendant que vous vous attelez à votre dossier.

C'est comme en cuisine : si vous enchaînez les étapes d'une recette les unes à la suite des autres, vous allez mettre deux fois plus de temps que quelqu'un qui commence systématiquement par les tâches passives.

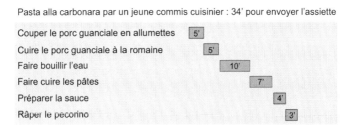

Pasta alla carbonara par un jeune commis cuisinier : 34' pour envoyer l'assiette

Couper le porc guanciale en allumettes	5'
Cuire le porc guanciale à la romaine	5'
Faire bouillir l'eau	10'
Faire cuire les pâtes	7'
Préparer la sauce	4'
Râper le pecorino	3'

Pasta alla carbonara par le patron de la trattoria : 17' pour envoyer l'assiette

Faire bouillir l'eau	10'	—— tâche passive
Couper le porc guanciale en allumettes	5'	
Cuire le porc guanciale à la romaine	5'	
Faire cuire les pâtes	7'	—— tâche passive
Préparer la sauce	4'	
Râper le pecorino	3'	

Ça vous semble évident ? Ça ne l'est pas tant que ça quand on est confronté à la réalité du travail au quotidien. On a toujours tendance à foncer tête baissée et enchaîner les tâches dans l'ordre où on les a listées… Il faut en réalité s'arrêter pour prendre du recul et faire l'effort d'identifier toutes les tâches « passives » et paralléliser au maximum.

COMBATTEZ LA PROCRASTINATION

Le dernier obstacle sur votre route : la procrastination.

Donner un feedback négatif à quelqu'un, s'atteler à une grosse présentation, appeler un client pour lui dire qu'on a fait une erreur… Quand une tâche est difficile, on a tous tendance à la remettre au lendemain et à faire autre chose en se disant que c'est tout aussi important : répondre à un e-mail, aller à une réunion, ranger son bureau, faire un tour sur Facebook…

Face à la difficulté, notre cerveau réagit par un mécanisme de défense, une *résistance*, qui nous incite à fuir pour chercher quelque chose de plus facile. C'est inscrit au plus profond de nous : pendant des centaines de milliers d'années, les hommes qui ont le mieux survécu sont ceux qui avaient tendance à fuir devant des tigres à dents de sabre et se gaver de fruits sucrés.

C'est la loi de *Laborit*, du nom du neurobiologiste français qui a consacré ses recherches sur cette tendance de l'homme à fuir la difficulté pour rechercher un nouvel état de plaisir. Quand nous obtenons satisfaction (boire un jus de fruits, manger une glace à la pistache, recevoir un *like* sur une de nos photos Instagram ou tout simplement recevoir une réponse à un SMS), notre cerveau libère de la dopamine, qui génère une sensation de satisfaction. Pour obtenir cette hormone de récompense, notre cerveau nous incite donc toujours à préférer une action avec une *gratification immédiate* plutôt qu'une action qui s'inscrit dans la durée.

Sur le long terme, la procrastination peut littéralement empoisonner notre vie. Car ces tâches difficiles qui nous font sortir de notre zone de confort sont aussi celles qui nous feront vraiment avancer dans nos projets, dans nos vies, dans nos relations professionnelles et personnelles.

En plus, procrastiner comporte des coûts cachés, des « pénalités » de procrastination auxquelles on ne pense pas immédiatement :

> Pénalités financières : si vous attendez trop, les billets d'avion ou de train seront plus chers, les billets de concert n'auront plus de tarifs « early-bird », vous paierez des pénalités de retard sur une facture ou sur vos impôts, vous passerez en tarif urgence auprès d'un imprimeur ou d'un coursier…

> Pénalités de qualité : si vous manquez de temps sur un projet, vous risquez de présenter quelque chose de moins réussi. Idem si vous passez par un prestataire : si vous faites une demande dans l'urgence, la qualité du travail rendu sera forcément dégradée. Sans compter que vous risquez aussi de nuire à la qualité de vos relations avec lui…

> Pénalités de temps : le retard que vous avez pris peut s'amplifier dans un effet boule de neige. Par exemple, si vous faites vos achats de Noël au dernier moment et que vous vous retrouvez à faire la queue pendant deux heures, si vous devez réserver chez le médecin et que plus aucun créneau n'est disponible, si vous devez programmer une réunion et que l'agenda de vos collègues s'est rempli entre temps…

Voici les armes pour combattre la procrastination.

Arrêtez de procrastiner une tâche qui vous paraît trop complexe : la technique de l'échelle

Prenons d'abord le cas d'une tâche qu'on peut considérer comme « complexe » : écrire un livre. Ce projet peut vite décourager et représenter un mur infranchissable :

Ecrire le livre
« La 25ᵉ Heure »

Il faut parvenir à découper le projet en sous-tâches motivantes, c'est-à-dire assez simples pour que vous puissiez les réaliser rapidement. N'oubliez pas : notre cerveau préfère toujours les gratifications immédiates. Écrivez toutes ces sous-tâches sur votre *to do list* : les rayer les unes après les autres vous permettra de rester satisfait et motivé tout au long du projet.

En fait, pour franchir ce mur, il faut lui apposer une échelle dont chaque barreau constitue une sous-tâche. Pour écrire ce livre par exemple, nous avions 8 barreaux :

**Ecrire le livre
« La 25ᵉ Heure »**

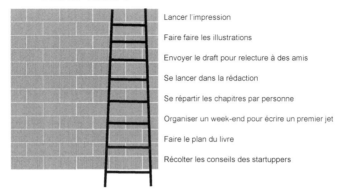

Lancer l'impression

Faire faire les illustrations

Envoyer le draft pour relecture à des amis

Se lancer dans la rédaction

Se répartir les chapitres par personne

Organiser un week-end pour écrire un premier jet

Faire le plan du livre

Récolter les conseils des startuppers

Le premier barreau de l'échelle peut même sortir du périmètre du projet. C'est le sens du discours génial de l'amiral
McRaven, le militaire à la tête de l'opération qui a abouti à
l'élimination d'Oussama ben Laden en 2011. Il explique :
« si vous faites votre lit chaque matin, vous aurez accompli
la première tâche de la journée. Ça vous donnera un petit
sentiment de fierté et ça vous motivera à faire les tâches
suivantes. Si vous n'arrivez pas à faire les petites choses,
vous n'arriverez jamais à faire les grandes ».

Arrêtez de procrastiner une tâche qui vous paraît désagréable

a. La technique de la *deadline*

Un antidote à la procrastination que vous connaissez
tous, c'est la *deadline*, la date limite à laquelle vous devez

rendre votre projet. Si vous avez une présentation à faire devant toute la boîte le lendemain à 9h, vous n'avez guère le choix : vous allez paniquer… et vous y mettre.

Imposez-vous donc un maximum de *deadlines*. Vous n'arrivez pas à avancer sur votre stratégie commerciale ? Envoyez un e-mail à votre boss en lui disant que vous voudriez lui présenter votre travail d'ici une semaine. Vous devez annoncer une nouvelle difficile à quelqu'un ? Programmez un créneau dans son agenda le lendemain. Pour écrire ce livre, nous avons dit à tout le monde qu'ils l'auraient dans les mains dans les trois mois…

Des entrepreneurs nous ont aussi confié s'imposer des deadlines « agréables », en s'inscrivant par exemple au sport à la session de 19h pour se forcer à ne pas rester tard sur leur lieu de travail. Vous aussi, prévoyez-vous plusieurs fois par semaine du sport ou des sorties en fin d'après-midi pour ne pas vous éterniser au bureau.

b. La technique de la première seconde

On a tendance à penser qu'il faut être motivé pour agir. C'est le contraire : il faut agir pour être motivé. Si vous voulez vous motiver pour aller courir, commencez par faire les dix premiers mètres. Si vous voulez vous motiver pour écrire, passez l'angoisse de la page blanche en écrivant les premiers mots. Comme disait le romancier Stephen Pressfield, « il y a un secret qui sépare les vrais écrivains de tous les autres : ils savent que ce n'est pas l'écriture qui est difficile. Ce qui est difficile, c'est de s'asseoir pour écrire. »

Le plus dur, c'est donc la première seconde. Une fois qu'on a commencé, on souffre de moins en moins :

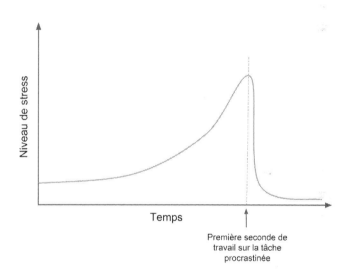

Donc lancez-vous, et dites-vous qu'une fois que vous serez dans l'action, tout sera plus facile. Vous avez un coup de fil difficile à passer ? Commencez déjà par composer le numéro. Vous devez écrire un e-mail délicat ? Commencez par écrire les trois premiers mots.

Arrêtez de procrastiner une tâche qui vous paraît ennuyante : la technique de la *power hour*

Remplir une base de données, faire vos notes de frais, redimensionner des photos… Si une tâche vous ennuie, c'est probablement qu'elle est répétitive et à faible valeur ajoutée.

Vous devez donc trouver un moyen de la rendre plus attrayante.

Réalisez donc la tâche d'une manière qui la rend agréable. Invitez par exemple vos collègues pour réaliser l'action en groupe : certains appellent ça les « power hours » ou les « war rooms ». Écoutez vos morceaux préférés en travaillant, apportez quelques trucs à grignoter… Vous pouvez aussi transformer cette tâche en challenge, en faisant en sorte de l'automatiser une bonne fois pour toutes. Nous avons consacré une sous-partie sur ce sujet dans le chapitre « accélération ».

CHAPITRE 2

SE CONCENTRER

Si vous aviez commencé votre vie professionnelle il y a 50 ans, votre vie au bureau aurait pu ressembler à ça : un bureau individuel fermé, quelques stylos plumes, une pile de dossiers dans un coin, un téléphone qui sonne de temps en temps et une assistante pour dactylographier vos courriers. Bref, à cette époque-là, vous aviez moins de chances d'être *dérangé*.

Exactement l'opposé de votre environnement de travail d'aujourd'hui. Cela est dû essentiellement à trois phénomènes :

1. Le règne de l'*open-space* : les grands plateaux ouverts ont certes permis de réduire les coûts et fluidifier la communication, mais génèrent aussi beaucoup plus d'interruptions et de distractions.

2. La démocratisation des ordinateurs et des smartphones : ils nous permettent certes de travailler plus rapidement, mais ils favorisent aussi l'alternance rapide des tâches (le « multitasking »). En un clic, on peut faire une recherche sur Google, consulter son mur Facebook, terminer un tableau Excel… D'autant plus que les ordinateurs et smartphones ont permis l'explosion du nombre de messages reçus. A l'époque, les courriers étaient rares : il fallait que votre

interlocuteur prenne le temps d'écrire un courrier, de trouver un timbre, de le poster… Aujourd'hui, un message ne coûte rien et demande très peu d'énergie : on est donc bombardé de centaines d'e-mails et de messages chaque jour. En plus, la pratique de la copie « cc » dans les e-mails, bien qu'utile dans certains contextes, est aujourd'hui largement sur-utilisée, notamment à des fins politiques (« regardez comme j'ai bien travaillé » ou « vous êtes censés être au courant, je ne serai donc pas le seul responsable en cas de problème »).

3. L'explosion de la production de contenus : les médias et les réseaux sociaux sont entrés dans l'ère de « l'infobésité ». Éric Schmidt, ancien PDG de Google, estimait en 2010 que nous produisions tous les deux jours autant d'informations qu'entre le début de la culture humaine et 2003. Ce qui devient rare, c'est notre attention.

Résultat : on estime qu'aujourd'hui, un employé de bureau ne travaille en moyenne que 11 minutes[8] entre chaque nouvelle interruption. Cette alternance des tâches donne souvent aux employés l'illusion d'être productif : on a l'impression de ne pas s'arrêter, de répondre à une multitude de demandes…

---

[8]   Gloria Mark, University of California, Irvine.

La réalité ? L'alternance des tâches est un des pires ennemis de la productivité. Ça a même un nom, la loi de Carlson, du nom du chercheur suédois qui l'a théorisée dans les années 50 : une tâche effectuée en continu demande moins de temps et d'énergie qu'une tâche réalisée en plusieurs fois. Autrement dit, il sera toujours plus rapide de faire A *puis* B que de faire A et B *en même temps*. Quand le cerveau déplace son attention d'une tâche à une autre, il perd beaucoup de temps à retrouver 100 % de son attention. Quand on vous dérange, c'est un peu comme quand on vous réveille au milieu d'une phase de sommeil profond : votre cerveau met du temps à replonger dans son état initial.

Et non seulement l'alternance des tâches vous ralentit, mais elle vous rend aussi moins performant intellectuellement. Le professeur de psychologie Glenn Wilson a même montré qu'on pouvait perdre l'équivalent de 10 points de QI pour résoudre un problème si on reçoit une sollicitation externe – par exemple un e-mail non lu dans sa boîte mail.

Les personnes les plus productives sont celles qui sont 100 % disponibles dans ce qu'elles font et dans le moment présent. Pendant une réunion, elles investissent toute leur énergie pour faire avancer le sujet. Pendant une formation, elles sont totalement à l'écoute. Pendant une session de travail, elles sont véritablement concentrées et ne consultent pas leurs e-mails ou leur fil Facebook toutes les cinq minutes.

L'objectif de ce chapitre est de vous donner les clés pour réussir à éviter toutes les distractions et les interruptions et rester 100 % concentré.

CHASSEZ LES PENSÉES PARASITES

Le premier ennemi de la concentration, c'est ce « nuage noir » de pensées parasites qui plane au dessus de vos têtes. Ces pensées qui vous polluent l'esprit, elles sont souvent du même type. Ce sont toutes les choses que vous ne devez pas oublier de faire : boucler tel dossier, répondre à tel client, relancer tel fournisseur ou tout simplement aller chercher une veste au pressing.

La principale technique pour vous en débarrasser, c'est d'abord la technique de la *to do list* dont on vous parlait plus haut. Dès qu'une nouvelle tâche vous traverse l'esprit, écrivez-la tout de suite, sans chercher à l'analyser en vous demandant par exemple combien de temps elle va vous prendre. Vous pourrez alors ne plus y penser temporairement en sachant qu'elle est consignée quelque part, sur

une « mémoire externe » bien plus fiable que la vôtre.
L'avantage, c'est qu'aujourd'hui, on a toujours de quoi
noter sur soi : dès qu'une tâche vous passe par la tête,
sortez votre téléphone de votre poche puis notez-la sur
votre appli de *to do list*.

Au delà de cette technique, on vous présente trois outils
qui vous aideront à retrouver la sérénité.

Les boomerangs

Essayer de se souvenir qu'il faut relancer ses clients ou ses collègues par e-mail, ça peut générer énormément de stress. Utilisez des outils qui vont se souvenir à votre place des personnes à relancer. Installez par exemple l'extension Mixmax pour Gmail, et cliquez sur « automate » avant d'envoyer votre e-mail. Si votre interlocuteur ne répond pas au-delà d'un certain délai, Mixmax vous rappellera de relancer la personne concernée. Mais votre esprit, lui, aura été zen pendant tout ce temps. Vous pouvez même programmer un e-mail de relance automatique si votre interlocuteur n'a pas répondu à votre e-mail au bout de x jours ! Autre fonction pour éviter de vous souvenir que vous devez envoyer un e-mail plus tard : le bouton « send later » pour programmer l'envoi à la date et l'heure de votre choix. Mixmax vous propose même de déterminer l'heure optimale de l'envoi de votre e-mail pour maximiser le taux de réponse de votre interlocuteur. Si vous envoyez un devis par exemple, il peut être utile de l'envoyer au moment où votre destinataire est le plus disponible pour répondre. Autre exemple, vous pouvez programmer l'e-mail de refus d'une candidature le lendemain d'un entretien de recrutement si vous ne voulez pas paraître trop cruel en envoyant votre e-mail cinq minutes après le départ du candidat…

L'Inbox Zero

C'est une technique de vieux routard de la productivité, appliquée par un bon tiers des startuppers que nous avons rencontrés. L'idée : arriver à obtenir régulièrement une boîte e-mail vide pour gagner en sérénité. Un peu comme quand vous allez chercher du courrier dans votre boîte aux lettres : vous en récupérez la totalité pour être tranquille, vous n'en laissez pas un peu pour la prochaine fois… Pour y parvenir, vous devez faire en sorte d'*archiver* tous vos e-mails : ils deviendront invisibles, mais toujours accessibles si vous les recherchez *via* la barre de recherche (imaginez votre dossier « archivé » comme un sac à dos : invisible à vos yeux, mais toujours accessible).

Voici la méthodologie Inbox Zero en trois étapes :

> Dès que vous lisez un e-mail qui ne requiert aucune action de votre part, vous devez l'archiver immédiatement ;

> S'il demande une action de votre part et que vous avez le temps, répondez puis archivez l'e-mail[9] ;

> Si vous n'avez pas le temps, ajoutez l'action à votre *to do* puis archivez l'e-mail (vous pouvez par exemple utiliser la *to do list* intégrée à Gmail en y glissant l'e-mail en question). Vous ne devez avoir qu'une seule *to do list* centralisée afin de prioriser vos tâches efficacement.

---

[9] Activez la fonction « Envoyer et archiver » dans les paramètres de Gmail, ce qui fera apparaître un bouton spécifique. Vous pourrez l'utiliser pour archiver une conversation automatiquement après avoir envoyé votre réponse.

LA MÉTHODE INBOX ZERO

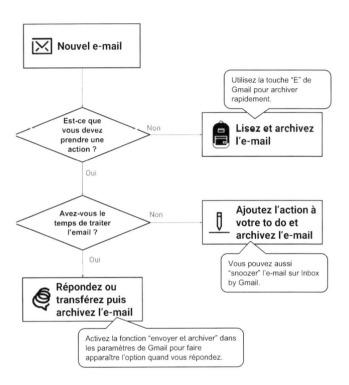

Le seul risque de cette méthode, c'est de chercher à avoir sa boîte e-mail vide trop souvent, juste pour savourer ce sentiment de travail accompli. C'est contre productif : traiter ses e-mails fréquemment vous interrompt trop souvent dans votre travail. Ce qui compte, c'est de réaliser ses tâches importantes, pas d'avoir une boîte e-mail vide. Un objectif raisonnable : se tenir à une discipline Inbox Zero deux fois par semaine – par exemple le mercredi et le vendredi. De la même façon qu'on doit accepter de terminer sa journée sans avoir terminé son travail, il faut accepter de terminer sa journée avec des e-mails non lus.

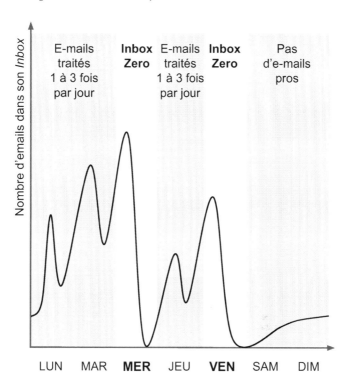

Le clean desk

La première chose sur laquelle se porte votre regard quand vous travaillez, c'est votre bureau. Les objets sous vos yeux vous font souvent penser à des choses qui vous restent à faire : un vieux dossier qui vous rappelle que vous devez le lire, un contrat qui vous rappelle que vous devez le signer, une lettre qui vous rappelle que vous devez la poster, etc. Autant de pensées qui vous éloignent de l'essentiel. En fait, un bureau mal rangé, c'est comme une *to do list* silencieuse mais accrochée pile devant vos yeux. Bref, bureau encombré = esprit encombré.

Pour garder l'esprit apaisé, ayez d'abord un bureau rangé. Mettez en place une routine hebdomadaire, en rangeant votre bureau le vendredi en fin d'après-midi par exemple, pour que tout soit nickel en arrivant au bureau le lundi matin. Ce qui est valable pour votre bureau réel est aussi valable pour votre bureau virtuel. Supprimez régulièrement les vieux fichiers qui se baladent sur votre bureau : vous verrez, ça fait du bien (ou utilisez Hazel pour Mac pour le faire automatiquement en déplaçant tous les fichiers de votre bureau datés de plus d'une semaine dans un dossier dédié).

La méditation pour gagner en concentration

Environ un entrepreneur sur cinq nous a spontanément dit s'adonner régulièrement à une forme ou une autre de méditation. Encore aujourd'hui, on associe souvent cette pratique à un univers de moines bouddhistes, voire de hippies un peu perdus… Comment se fait-il que la méditation, l'art de ne rien faire, soit pratiquée par autant de personnes si actives ?

En fait, ça tient au départ à un homme : Soren Gordhamer. Après avoir divorcé, perdu son job et être devenu accro à Twitter, il s'est retiré dans un mobile home perdu dans une bourgade du nouveau Mexique. C'est là-bas qu'il s'est lancé dans la lecture des grands maîtres de la méditation pour se sortir de sa situation. Il trouve sa réponse dans leurs livres : dans une époque dominée par les interruptions du numérique, la pratique de la méditation permet d'apprendre à re-développer sa capacité d'attention et donc sa qualité de travail.

Pour diffuser les bienfaits de la méditation dans toute la Silicon Valley, Soren Gordhamer écrit lui-même un livre et lance dans la foulée la conférence « Wisdom 2.0 ». Dans l'environnement de la high-tech et sa culture du résultat, les entrepreneurs et les ingénieurs s'emparent de la pratique, et la conférence devient rapidement un carton. Elle réunit depuis chaque année des milliers de hauts dirigeants d'entreprises high-tech, dont les fondateurs de Facebook, Twitter, Linkedin, Paypal, qui mettent ensuite en place des programmes dans leurs entreprises. Chez Google, les cours de méditation « Search Inside Yourself » comptent aujourd'hui plusieurs mois d'attente…

Contrairement à ce qu'on pense parfois, méditer ne consiste pas à faire le vide dans son esprit. Méditer apprend au contraire à accueillir les pensées qui traversent son esprit, constater qu'on dérive de son point d'attention initial et se recentrer sur soi-même le plus rapidement possible. Même si ce n'est pas son objectif initial, méditer constitue une forme d'entraînement cérébral qui permet de gagner en puissance de concentration.

Bien sûr, si la méditation est efficace, elle n'en n'exige pas moins une très grande discipline. Notre conseil si vous voulez vraiment vous y mettre : partez en stage pendant une semaine (Vipassana par exemple, dont certains nous ont dit beaucoup de bien) ou téléchargez une appli sur votre smartphone (Mind, par exemple, propose des séances de méditation de dix minutes chaque jour). Méditer ne serait-ce que 10 minutes par jour pendant une semaine vous permettra d'en ressentir les premiers bénéfices.

PROTÉGEZ-VOUS DES TENTATIONS

La plupart des médias et des réseaux sociaux ont construit leurs interfaces dans un seul objectif : vous faire rester le plus longtemps possible chez eux. Plus vous y passerez de temps, plus ils généreront de revenus.

Si Netflix ou YouTube enchaînent aujourd'hui les vidéos en lecture automatique, c'est parce qu'ils savent que c'est plus difficile de cliquer sur « stop » que sur « play ». Si les sites d'actualité utilisent toujours plus de titres *clickbait*, c'est parce qu'ils savent que votre curiosité ne pourra résister. Si Facebook et Instagram cherchent à vous notifier vos *likes* par tous les moyens, c'est parce qu'ils savent que ça vous incitera à reposter. La cause physiologique est la même que celle qui vous fait procrastiner : c'est la dopamine, l'hormone de la récompense, qui vous fait préférer la *gratification immédiate*.

Les expériences utilisateurs de la plupart des plateformes comme YouTube ou Facebook jouent sur un des points faibles de notre psychologie, ce qui rend l'autodiscipline très difficile.

Mieux vaut donc vous *protéger de vous-même.* Si vous ne pouvez pas résister à terminer le pot de Nutella qui traîne chez vous, vous pouvez vous protéger en arrêtant d'abord d'en acheter. Pour les tentations au boulot, c'est un peu pareil : il faut vous protéger en vous empêchant d'y accéder. Et pour ça, on a deux types d'outils pour vous :

1. Les outils de blocage. Installez par exemple l'appli Freedom qui vous empêche de vous connecter sur Facebook ou sur les autres sites de votre choix pendant le temps que vous souhaitez – impossible de revenir en arrière une fois paramétré. Sur votre smartphone, planquez les applis Facebook ou Instagram sur le deuxième ou troisième écran. Mieux : supprimez-les complètement de votre smartphone. Vous pourrez toujours accéder à vos réseaux sociaux *via* l'interface web. Très déroutant au début, mais on se sent beaucoup plus libre après 4 ou 5 jours. Enfin, ne laissez pas votre smartphone posé sur la table quand vous prenez un café avec quelqu'un. Vous serez moins tenté de le regarder, et vous montrerez à la personne en face de vous qu'elle compte plus que le prochain *like* que vous recevrez.

2. Les outils de « parking ». Le risque quand on vous envoie un article à lire ou une vidéo à regarder, c'est de vouloir le faire tout de suite… Il vous faut donc des outils pour mettre ces contenus de côté et les retrouver quand vous aurez plus de temps. Notre recommandation : le génial outil Pocket qui permet

de stocker des articles à lire ou des vidéos à regarder en un clic *via* une extension Chrome, et de les retrouver sur une appli de votre smartphone.

Bien sûr, soyez honnête avec vous-même. Si vous n'arrivez pas à vous empêcher de consulter des médias ou des réseaux sociaux, faites une vraie pause de quinze minutes pour le faire. Et quand vous avez terminé, vous pourrez retourner à vos autres tâches, sans distraction.

CRÉEZ VOTRE BULLE

On ne vous dit pas qu'il faut vivre en ermite ou raser les murs en arrivant au boulot, mais si vous voulez boucler un projet, isolez-vous au maximum. Et pour cela, beaucoup d'entrepreneurs nous ont confié une technique redoutable.

Mettre des *écouteurs*.

Cet objet a deux fonctions principales :
1. Montrer à vos collègues que vous êtes sur une tâche importante et que vous ne voulez pas être dérangé.
2. Écouter de la musique peut vous aider à vous concentrer. Pas n'importe laquelle : celle qui vous demandera le moins d'attention possible, pour accompagner votre travail et non pas le remplacer. Donc une musique

simple, plutôt instrumentale et sans paroles. Bref, pas d'Adele ou de Britney, mais plutôt un petit jazz tranquille, un peu de musique classique ou une bonne BO de film. Et de manière générale, évitez les nouveautés : si vous n'avez jamais entendu l'air avant, votre cerveau aura besoin de plus de concentration pour l'écouter[10]. Quitte à repasser en boucle votre playlist préférée. Essayez aussi le site génial Noisli, qui propose des dizaines de fonds sonores pour vous transporter dans un café, dans un train, près d'une rivière ou dans une cabane pendant un orage… L'ambiance sonore peut être très propice au travail. Selon une étude de l'université de Chicago, le fait d'être très légèrement distrait par un bruit ambiant booste la créativité. C'est sans doute aussi pour cette raison que nos meilleures idées nous viennent sous la douche, au moment de se brosser les dents ou de tondre la pelouse…

Mais il y a encore mieux que les écouteurs : travailler *ailleurs* qu'au bureau, chez vous, dans un café, dans un parc, dans un espace de coworking, où vous voulez. Les startuppers que nous avons rencontrés travaillent très souvent en dehors de leur bureau. Certains se sont même bloqués des matinées inviolables « Make it happen » une fois par

---

[10] The same old song : The power of familiarity in music choice Morgan K. Ward & Joseph K. Goodman & Julie R. Irwin

semaine : des demi-journées en dehors du bureau pour s'assurer d'être dérangés le moins possible et entrer dans de vrais tunnels de concentration. En une demi-journée de travail ininterrompu en dehors du bureau, vous vous rendrez compte que vous pouvez parfois faire l'équivalent de deux ou trois jours de travail au bureau…

Encore plus radical : partir plusieurs jours loin de tout pour vous isoler et avancer sur certains sujets. Deux fois par an, Bill Gates part en « Think Week » s'isoler dans une cabane perdue en forêt près de la frontière canadienne. Il y consacre une semaine sans employés, sans amis, ni même famille, à lire et réfléchir à ses objectifs de vie et au futur de son entreprise. Selon lui, c'est lors de ces semaines-là que sont nées les innovations les plus en rupture de Microsoft.

Plusieurs entrepreneurs que nous avons rencontrés ont évoqué l'état psychologique de satisfaction intense ressentie pendant ces périodes d'hyper-concentration, quand ils s'isolent par exemple pour concevoir un nouveau produit ou écrire leur nouvelle stratégie. Un état que le psychologue Mihály Csíkszentmihályi appelle l'état de *flow*. Quand on réussit à consacrer 100 % de son attention sur une tâche vraiment complexe, on parvient d'abord à être extrêmement performant, mais également à éprouver un sentiment de joie intense, presque d'extase, au point d'en perdre toute notion de temps. Ce sentiment, vous l'avez peut-être déjà connu en jouant un morceau au piano, en escaladant une montagne ou en écrivant un article. Pourquoi ne pourriez-vous pas le reproduire au boulot ?

On sait ce que vous pensez : « JAMAIS mon boss ne me laissera sortir du bureau ». On vous propose une stratégie : demandez à votre boss de vous laisser essayer, juste une petite fois. Le jour J, travaillez plus que vous ne l'avez jamais fait, et envoyez-lui un e-mail récapitulatif avec tout ce que vous avez accompli pendant votre session. On parie qu'il vous laissera tranquille ? De manière générale, la tolérance de votre boss vis-à-vis du télétravail sera directement proportionnelle à la qualité de ce que vous accomplirez.

Comment gérer les « chronophages » ?

Vous avez beau essayer de créer votre bulle… Certains collègues n'en ont rien à faire. Il y a d'abord ceux qui vous demandent sans cesse un avis ou une validation. Et puis il y a les moulins à parole : ceux qui ne semblent jamais vouloir s'arrêter de parler, et qui repartent de plus belle sur une nouvelle digression quand vous pensez qu'ils ont terminé…

Ce sont les gens chronophages. Sympas de temps en temps, mais très agaçants à la longue. Voici les conseils qu'on nous a donnés pour les empêcher de nuire.

1/ Pour gérer ceux qui vous interrompent en permanence, c'est assez facile. Dites-leur que vous avez besoin de toute votre attention pour terminer ce que vous êtes en train de faire, et de revenir vous voir à une heure précise (et pendant une certaine durée) avec une liste de questions bien précises. En général, ce temps de réflexion leur aura permis de répondre seuls à la majorité de leurs questions.

2/ Pour gérer les moulins à parole, c'est plus compliqué. Comme ils cherchent à tout prix à capter votre attention, tout l'enjeu est d'arriver à interrompre leur flot de paroles puis de leur faire comprendre que vous devez retourner à votre travail. Par exemple, levez la main légèrement comme pour dire « stop », rebondissez brièvement sur ce qu'ils viennent de vous dire et annoncez par exemple « Par contre, j'ai besoin de finir cette présentation d'ici 15h, donc j'ai besoin de retourner à mon travail ». Sans jamais vous énerver :)

PASSEZ AUX COMMUNICATIONS ASYNCHRONES

Commençons d'abord par introduire deux termes un peu barbares : la communication *synchrone*, et la communication *asynchrone*. Car il y en a une des deux dont vous devriez vraiment vous méfier.

1. La communication synchrone, c'est celle où les interlocuteurs échangent au même moment pour communiquer. C'est la conversation en face-à-face de la vraie vie bien sûr, mais aussi le téléphone et le tchat.

2. La communication asynchrone, c'est celle où les interlocuteurs ne sont pas obligés de se répondre immédiatement. Exemples : le courrier, l'e-mail, le sms...

Bien sûr, dans la réalité, la frontière entre les deux mondes n'est pas si claire. Vous pouvez par exemple transformer un coup de téléphone en communication asynchrone si votre interlocuteur vous laisse un message sur votre répondeur, et vous pouvez considérer que l'e-mail est une communication synchrone si vous estimez devoir répondre très rapidement à tous les e-mails que vous recevez.

L'ennemi ultime de la productivité, c'est bien sûr la communication *synchrone*. À chaque fois qu'elle a lieu, elle génère une interruption dans votre travail. On ne vous dit pas d'abandonner totalement le téléphone, mais de le réserver à seulement deux cas de figure.

1. les situations trop complexes pour être gérées par e-mail : selon la « règle des trois e-mails » de l'auteur Phil Simon, si vous échangez plus de trois e-mails à la suite, c'est qu'il est temps de se parler. Idéalement, programmez l'appel pour ne pas interrompre votre interlocuteur.

2. les vraies urgences, du genre : votre site est tombé, la chaîne de production s'est arrêtée, un gros client a besoin d'une réponse au plus vite.

Dans tous les autres cas, privilégiez les communications asynchrones.

Mollo avec le téléphone

Plusieurs entrepreneurs nous ont même avoué ne *jamais* répondre aux appels de numéros qu'ils ne reconnaissaient pas, voire ne *jamais* répondre à leur téléphone *du tout*. C'est assez logique : la plupart du temps, vos interlocuteurs appellent parce que c'est plus pratique pour eux, mais la réciproque est rarement vraie. D'une certaine manière, ceux qui vous appellent vous volent votre temps. Acceptez-le si c'est votre boss ou un client important (et encore) mais ça doit s'arrêter là. Certains entrepreneurs nous ont aussi confié avoir laissé une annonce répondeur encourageant leurs interlocuteurs à leur envoyer un SMS plutôt que leur laisser un message : « Bonjour, vous êtes bien sur le répondeur de Paul. Je n'écoute pas mes messages téléphoniques, mais écrivez-moi un SMS et je vous garantis une réponse rapide » On vous conseille de faire la même chose. Vous pouvez même opter pour la solution extrême en désactivant la messagerie vocale de votre téléphone (la manip' dépend des opérateurs, mais elle est trouvable facilement en cherchant un peu sur Google).

Ne consultez pas vos e-mails plus de trois fois par jour

Un salarié consulte en moyenne sa boîte e-mail toutes les 15 minutes… Ne vous forcez pas à répondre à vos e-mails trop vite. Vous accepteriez d'attendre trois ou quatre heures avant d'avoir une réponse à un e-mail, non ? La réciproque, c'est que vous pouvez attendre trois ou quatre heures avant d'y répondre, et donc traiter vos e-mails seulement deux ou trois fois par jour pour éviter les interruptions, par exemple à 10h, 14h et à 18h. Dites-vous que c'est un peu comme pour votre linge sale : vous ne faites pas une machine dès que vous jetez un t-shirt dans le bac; vous attendez d'en avoir suffisamment avant de la lancer. Un entrepreneur nous a même confié avoir paramétré une réponse automatique à tous ses e-mails pour expliquer cette démarche à ses interlocuteurs (en s'inspirant de celle de Tim Ferriss, l'auteur de la *Semaine de quatre heures*) : « Pour gagner en efficacité et éviter les distractions, je ne consulte mes e-mails qu'une seule fois par jour, chaque matin. Envoyez-moi un SMS si c'est urgent. »

Pour éviter la tentation de répondre à vos e-mails entrants, on nous a conseillé un outil très simple mais d'une efficacité redoutable : l'extension Inbox when Ready pour Gmail, qui masque votre boîte de réception par défaut. Résultat : vous pouvez continuer à écrire des e-mails tout au long de la journée sans jamais être distrait par les nouveaux qui arrivent. Le seul moyen de lire ses e-mails entrants, c'est de cliquer sur le bouton « afficher la boîte de réception ». Bref, ça vous permet de reprendre le contrôle sur votre boîte mail. Une des extensions Gmail les mieux notées, et il y a de quoi.

Et surtout : ne lisez pas vos e-mails professionnels en dehors de vos horaires de travail. Pensez à l'effet Zeigarnik que nous évoquions plus haut : si vous lisez un e-mail de boulot un dimanche sans pouvoir le traiter tout de suite, vous allez créer une nouvelle tâche inachevée. Elle prendra donc énormément de place dans votre esprit et ne fera que grossir votre « nuage noir » de pensées parasites. La seule conséquence pour vous sera d'être stressé inutilement pendant deux heures en plein week-end. Laissez les autres se pourrir la vie en lisant ou en envoyant des e-mails le dimanche, lisez les vôtres le lundi matin en arrivant au boulot. Et n'infligez pas aux autres ce que vous ne voulez pas subir. S'il vous arrive de vouloir envoyer un e-mail professionnel pendant le week-end, notez-le sur votre *to do list*, voire programmez-le pour qu'il soit reçu seulement le lundi matin (on vous propose une solution pour ça dans la partie « accélération »).

E-mail 1 - Tchat 0

Contrairement aux objectifs affichés par leurs fondateurs, les tchats comme Slack ou Workplace ne sont pas près de remplacer l'e-mail. L'e-mail est un mode de communication ouvert qui permet d'échanger avec n'importe qui depuis n'importe quelle plateforme (Gmail, Outlook, Yahoo…). Il restera donc encore longtemps le principal moyen de communiquer avec les personnes extérieures à votre entreprise. Et en interne, même si le tchat peut fluidifier la collaboration, les informations vraiment importantes ont du mal à émerger au milieu de la quantité de messages reçus, entre les *channels* d'organisation de déjeuners, de partages de liens marrants, etc. On recommande donc d'utiliser l'e-mail pour les informations vraiment importantes, et de laisser les tchats pour la collaboration au quotidien et les sujets plus légers. En plus, ça vous permettra de centraliser toutes les informations clés de vos communications internes et externes au même endroit, et donc de les rechercher plus facilement.

DITES STOP AUX NOTIFICATIONS

Au-delà des interruptions de vos collègues, il y a les interruptions provoquées par les logiciels ou les applications. Dans 90 % des cas, ces notifications sont inutiles et vous déconcentrent pour rien. Nos recommandations :

1. Désactivez toutes les notifications de votre smartphone et de votre ordinateur, sauf éventuellement quelques cas exceptionnels (notifications de votre compagnie aérienne annonçant les retards de vol, notifications annonçant l'arrivée de votre taxi etc). Ne vous embêtez pas à vous rendre dans les paramètres de chacune de vos applications, il suffit d'aller sur les écrans qui centralisent les réglages de toutes vos notifications sur iPhone, Android, Mac ou Windows. Ça vous prendra une minute, mais ça vous fera gagner des heures et des heures de concentration.

2. La vie est trop courte pour subir des vidéos en *préroll* ou chercher la petite croix pour fermer un *pop-in*. Comme un tiers des Français, installez un *adblocker* sur votre navigateur, du genre AdBlock. Désactivez-le quand même sur les médias que vous appréciez, c'est la condition de leur survie…

3. Désinscrivez-vous des newsletters inutiles, en vous fixant une règle simple : si vous vous dites « ça pourrait me servir un jour », c'est qu'il faut vous désabonner. Ne gardez que celles que vous jugez vraiment indispensable. Par exemple, si vous n'avez pas lu une newsletter cinq fois de suite, c'est que vous ne la lirez probablement jamais. Désabonnez-vous. Un peu comme pour un vêtement que vous n'avez pas mis pendant un an : donnez-le ou jetez-le. Pour vous désabonner de toutes vos newsletters en quelques clics, vous pouvez essayer par exemple Unroll.Me, mais sachez quand même qu'ils collectent des données sur votre boîte mail et les commercialisent ensuite après les avoir anonymisées.

CHAPITRE 3

ACCÉLÉRER

19h30. Vous êtes seul dans votre cuisine, au milieu de vos sacs de courses. Quinze de vos potes vont débarquer pour dîner chez vous d'ici une heure : panique.

Pour vous en sortir, vous pouvez bien sûr vous *organiser* (par exemple en vous attaquant d'abord aux tâches passives dans vos recettes) ou vous *concentrer* (par exemple en éteignant la télévision), mais peu de chances que ça suffise. Maintenant, ce dont vous avez besoin, c'est d'*accélérer* votre vitesse d'exécution. Et ça peut se faire en quatre étapes.

1. *Fundamentals* : mettre en place une base solide pour gagner du temps sur vos tâches futures. Dans le cas de votre dîner : respirer un bon coup, dégager votre plan de travail et aiguiser vos couteaux.

2. *Automation* : automatiser les actions répétitives. Dans le cas de votre dîner : demander à un voisin si vous pouvez emprunter son mixeur et son fouet électrique.

3. *Speed* : accélérer les actions manuelles. Dans le cas de votre dîner : utiliser des techniques pour éplucher et découper vos légumes plus rapidement (si vous ne savez pas comment faire, c'est que vous n'avez pas assez regardé Top Chef).

4. *Twenty-Eighty Rule* : 20 % des efforts pour 80 % de l'impact. Dans le cas de votre dîner : il faut

probablement laisser tomber votre sauce pimentée aux groseilles de Madagascar… et faire une simple mayonnaise maison.

Fundamentals, Automation, Speed, Twenty-Eighty Rule : voici la méthode FAST. Et si ces quatre piliers s'appliquent très bien en cuisine, ils s'appliquent encore mieux au bureau.

Comment valoriser votre temps pour savoir combien vous pouvez investir dans vos outils ?

Dans ce chapitre « accélération », on va vous présenter pas mal d'outils, qui sont parfois payants. Pour savoir si l'investissement en vaut la chandelle, apprenez à valoriser votre temps.

Faites l'exercice tout de suite pour répondre à la question : « combien vaut une heure de mon travail ? »

C'est bien sûr assez facile si vous êtes consultant par exemple, car vous connaissez votre taux journalier tel qu'il est vendu à votre client. C'est également assez facile pour certains types de commerciaux quand vous savez qu'une heure de travail peut vous rapporter X euros.

C'est un peu plus délicat pour d'autres types de métiers, où vos revenus ne sont pas forcément proportionnels à votre temps de travail. Mais vous pouvez dans ce cas faire un calcul approximatif en vous basant sur votre salaire. Pour avoir une estimation très grossière de combien vaut une heure de votre travail, multipliez votre salaire net par 2,5 pour intégrer les charges et les frais annexes, puis divisez-le par le nombre d'heures que vous travaillez dans le mois.

Exemple : si vous êtes payé 3000 euros net par mois et que vous travaillez 150 heures par mois, vous pouvez estimer que votre « heure de travail » coûte à votre employeur 3000*2,5/150 = 50 euros.

Vous pouvez donc savoir si ça vaut le coup d'investir ou non dans des outils de productivité, ou d'externaliser par exemple.

> Si un logiciel à 30 euros vous fait gagner une heure par mois, vous pouvez dire à votre boss que ça représente un très bon investissement.

> Si un taxi à 10 euros vous fait gagner 30 minutes de temps de trajet, sautez dedans ! Votre entreprise y a un intérêt.

> A cette équation, il faut aussi ajouter une apprécia-
> tion subjective de la tâche que vous pouvez éviter.
> Car une tâche rébarbative a un coût économique,
> mais elle peut aussi avoir un coût psychologique.
> Si vous investissez par exemple dans une solution
> d'automatisation de vos notes de frais, l'impact
> sur votre tranquillité d'esprit dépassera sans doute
> tout gain financier potentiel. Au final, quelle que
> soit la méthode que vous retenez, la question à
> laquelle vous devez répondre est : « Combien
> suis-je prêt à débourser pour gagner une heure
> de temps ? »

FUNDAMENTALS : METTEZ EN PLACE LES BONNES CONDITIONS DE DÉPART

« Que l'on me donne six heures pour couper un arbre, j'en passerai quatre à affûter ma hache. » Cette citation (que certains attribuent à Abraham Lincoln) signifie que le temps passé sur la préparation est tout aussi important que l'exécution de la tâche elle-même.

Prenez exemple sur les développeurs, habitués à construire des projets complexes. Dans les pratiques agiles, ils consacrent entre 20 et 80 % du temps d'un projet à le concevoir avant même d'écrire la première ligne de code.

Avant de vous lancer, vous aussi, affûtez votre hache.

Reposez-vous

Si vous partez en randonnée et que vous venez de faire un gros effort pour monter un pic, vous n'allez probablement pas poursuivre tout de suite au pas de course. Vous allez faire une pause avant de repartir, car vous comprenez que votre corps a besoin de se reposer.

Etrangement, quand il s'agit de son esprit, on a tendance à ne pas raisonner de la même manière : on enchaîne les réunions, on s'attaque à une grosse présentation alors qu'on est crevé… Souvenez-vous qu'on dispose chaque jour d'une réserve d'énergie cognitive qui n'est pas infinie. L'attention consomme beaucoup d'énergie : chez l'adulte, le cerveau consomme 20 à 25 % de la consommation énergétique totale du corps, pour seulement 2 % de son poids.

Faites des pauses et imposez-vous des temps de repos, de vrai repos. Notre temps de pause n'est pas juste un temps de « non-travail » ou un temps de paresse. Il est absolument nécessaire. Il nourrit notre temps d'activité en nous permettant d'être plus efficace et créatif. Ne culpabilisez pas de faire de vraies pauses déjeuner, de prévoir des temps morts entre deux grosses réunions… Et si vous sentez au milieu d'une tâche que votre niveau d'énergie diminue trop fortement, arrêtez-vous et faites quelque chose de moins intense. Vous recommencerez à un autre moment. Un entrepreneur que nous avons consulté faisait ainsi la différence entre les tâches cérébrales qui nécessitent un maximum d'attention et auxquelles il s'attaque en début de journée, et les tâches demandant un peu moins d'attention, du genre reporting ou process, qu'il laisse pour l'après-midi. Et si vraiment vous êtes crevé, faites des « power naps », comme les pilotes de l'armée de l'air qui ont des salles dédiées pour ça. Ces siestes express de 10 à 15 minutes maximum vous redonnent de l'énergie pour 3 ou 4 heures.

Ce n'est sans doute pas un hasard si les emplois du temps des plus grands esprits montrent une alternance travail/repos très régulière. Darwin consacrait seulement trois sessions d'une heure et demie à son travail chaque jour, et dédiait le reste de son temps à des balades en forêt ou à la lecture de journaux. Ça ne l'a pas empêché d'écrire un des livres les plus révolutionnaires de l'histoire de la science. Poincaré, le mathématicien de génie, travaillait seulement de 10h à midi et de 17h à 19h, le reste étant notamment consacré aux siestes et aux randonnées en montagne… Le Corbusier, l'architecte qui a réinventé l'urbanisme, n'arrivait à son bureau que dans l'après-midi, après avoir peint toute la matinée.

LES HABITUDES QUOTIDIENNES
DES GRANDS ESPRITS[11]

0h 1h 2h 3h 4h 5h 6h 7h 8h 9h 10h 11h 12h 13h 14h 15h 16h 17h 18h 19h 20h 21h 22h 23h

HONORÉ DE BALZAC

Travail   Sieste   Travail   Sortie entre amis   Sommeil
(écriture en babouches et robe de moine)

SIGMUND FREUD

Sommeil   Travail   Déjeuner   Travail   Dîner
(consultations) (puis promenade) (consultations) Jeu de cartes

LUDWIG VAN BEETHOVEN

Sommeil   Café   Travail   Promenade
(60 grains par tasse) (composition)   Repas et lecture du journal à la taverne

LE CORBUSIER

Sommeil   Petit déjeuner avec sa femme   Travail   Temps passé chez lui
Peinture et écriture (au bureau)

VICTOR HUGO

Sommeil   Café   Travail   Bain glacé sur le toit   Travail   Dîner
(et 2 oeufs crus)   Déjeuner avec ses amis   Jeu de cartes
Exercice physique

DARWIN

Sommeil   Travail   Travail   Balades en forêt   Travail
Lecture de journaux
Promenade de son chien

POINCARÉ

Sommeil   Travail   Sieste   Travail   Randonnée
en montagne

---

[11] Source : https://podio.com/site/creative-routines. Ces répartitions ne caractérisent pas l'intégralité de la vie des personnes citées, mais une période de leur existence telle que l'attestent leurs agendas, leurs lettres et autres documents.

La *decision fatigue* : comment garder son énergie pour les décisions importantes ?

Vous allez vous coucher : réveil à 7h ou à 8h ?

Vous vous levez : thé ou café ?

Vous vous pointez devant votre placard : chemise ou t-shirt ?

Vous arrivez au boulot : session e-mails ou vérification des rendez-vous du jour ?

Vous partez déjeuner avec un client : brasserie ou resto chic ?

Nous prenons chaque jour des centaines de micro-décisions, qui requièrent toutes un effort de réflexion qui nous prend du temps et de l'énergie : on doit d'abord réfléchir aux différentes options puis peser le pour et le contre.

La conséquence, c'est la *decision fatigue*, une notion dont vous avez peut-être déjà entendu parler. A cause de toutes ces micro-décisions, nous avons d'autant moins de temps et d'énergie à allouer aux décisions vraiment importantes de notre journée : recruter ou non un candidat, lancer ou non un nouveau projet, etc. Certains chercheurs disent même que nous avons une quantité de volonté limitée, et qu'au fur et à mesure qu'on prend des décisions dans la journée, on a tendance à choisir des solutions de facilité et donc dégrader la qualité de nos décisions. Néanmoins, cette dernière idée, longtemps très populaire, est aujourd'hui remise en cause par la communauté scientifique[12].

Faut-il lutter contre cette *decision fatigue* ?

Certains tentent de diminuer à tout prix le nombre de micro-décisions qu'on prend chaque jour. Le cas extrême, c'est Mark Zuckerberg, qui ne porte que des t-shirts gris pour « simplifier sa vie et prendre le moins de décisions possibles en dehors de son service à la communauté [Facebook] ». Idem pour Steve Jobs avec son col roulé noir ou Barack Obama avec ses costards bleus. Certains en viennent même à manger exactement la même chose tous les matins ou à se faire des dîners thématiques chaque jour de la semaine pour éviter de prendre des décisions.

---

[12] http://www.slate.com/articles/health_and_science/cover_story/2016/03/ego_depletion_an_influential_theory_in_psychology_may_have_just_been_debunked.html

Honnêtement, si vous sacrifiez votre vie personnelle pour votre vie professionnelle, c'est que vous allez un peu trop loin... Notre seul conseil est d'apprendre à décider plus vite dans une société où on doit faire face à des options toujours plus nombreuses et parfois paralysantes : choisir un hôtel sur internet parmi des centaines d'options, choisir un paquet de céréales devant 10 mètres de rayons au supermarché, trouver un resto pour le soir même quand il y en a trois nouveaux qui ouvrent chaque jour. Dans ce contexte, forcez-vous à limiter le nombre d'options. Par exemple, si vous devez choisir un bar où emmener vos amis, pré-sélectionnez trois endroits et forcez-vous à choisir parmi ces trois-là exclusivement. Ou choisissez un QG où vous retournerez tout le temps (et ou en plus, vous vous ferez payer des coups par le patron).

Un esprit sain dans un corps sain

Dans la culture occidentale, on a tendance à voir notre corps et notre esprit comme totalement indépendants l'un de l'autre : l'esprit commande, le corps exécute. Mais depuis quelques années, médecine et neurosciences redécouvrent les liens beaucoup plus complexes entre le corps et l'esprit.

Le sport

Beaucoup de startuppers nous ont confié faire un footing matinal chaque jour ou une séance de sport entre midi et deux (running, yoga, crossfit, squash…) pour gagner en concentration et productivité le reste de la journée. Certains nous ont expliqué aller tout simplement au boulot à pied ou à vélo, pour se reposer l'esprit et avoir plus d'énergie au bureau ou en présence des équipes.

Normal : pendant l'effort, notre organisme sécrète un paquet d'hormones. Il y a bien sûr les endorphines, qui aident à se sentir bien. Mais ce qui vous booste pour la journée, c'est la dopamine. Elle réduit la sensation de fatigue, améliore les capacités de concentration et la mémoire de travail pour le reste de la journée. Bref, en faisant du sport, vous dépensez de l'énergie, mais vous en gagnez encore plus.

Être en forme grâce au « seven minute workout »

Ça a commencé par un article de 5 paragraphes dans le *New York Times* en septembre 2013. Cette brève relayait une étude de l'*American College of Sports Medicine* sur une nouvelle méthode d'entraînement, permettant d'atteindre en 7 minutes des résultats sur la performance physique proches d'un entraînement d'endurance prolongé. Le buzz a été tel que le *New York Times* a fini par sortir sa propre appli smartphone pour démocratiser cette méthode, téléchargée des millions de fois depuis. Il existe aujourd'hui une trentaine d'applis équivalentes sur l'Appstore et Google Play. La mieux foutue étant l'appli 7 *Minute Workout* de Johnson & Johnson dont l'entraîneur virtuel Chris vous guidera pas à pas.

Le principe de ce « seven minute workout » : 12 exercices successifs de 30 secondes avec 10 secondes de pause entre chaque : pompes, abdos, sauts, gainage… Pas besoin d'autre matériel qu'un mur et une chaise. Vous devriez trouver ça chez vous ou au bureau.

Si vous voulez une appli plus paramétrable, en fonction de votre temps disponible ou de vos objectifs personnels, on nous a cité plusieurs fois Sworkit.

L'alimentation

On a toujours parlé de « ressentir quelque chose avec ses tripes » : la recherche commence à comprendre aujourd'hui pourquoi.

Le système digestif n'est pas juste un ensemble d'organes qui transforment les aliments en substances nutritives pour notre corps. C'est en fait notre deuxième cerveau : nos intestins comptent 200 millions de neurones – soit autant que le cerveau d'un chien – et plus de cellules nerveuses que nos yeux, nos oreilles ou notre peau. En stimulant le nerf vague avec des signaux électriques (le nerf qui relie le cerveau au système digestif), on s'est aperçu qu'on pouvait faire évoluer l'humeur de façon radicale.

On n'est pas là pour vous dire de ne manger que des carottes et des graines germées, mais il est utile de prendre conscience que les aliments ont un impact beaucoup plus grand qu'on ne le croit sur notre énergie en général. A vous de voir lesquels marchent pour vous…

Calez-vous sur votre horloge biologique

Vous devez mettre à profit au maximum le moment de la journée qui constitue votre pic d'énergie biologique (ou « *biological prime time* »). Vous pensez être plutôt du soir ou plutôt du matin ? Vous pouvez – et devez – être plus précis que ça. Votre pic d'énergie biologique, c'est le moment de la journée où vous atteignez un sommet de motivation et de concentration. L'intérêt de le connaître, c'est que vous pourrez savoir quand vous devez faire des choses importantes… ou quand vous devez plutôt aller vous chercher un café. Pour une première approche, vous pouvez consacrer 10 minutes à répondre au questionnaire de typologie circadienne de Horne Ostberg, pour savoir quel est votre chronotype : tout à fait du matin, modérément du matin, neutre, modérément du soir ou tout à fait du soir. Vous trouverez ce test en ligne très facilement.

Une fois que vous l'avez déterminé, adaptez votre emploi du temps en fonction. Vous constatez que vous êtes plutôt du matin et avez l'habitude de passer vos matinées en rendez-vous ? Décalez vos rendez-vous à l'après-midi pour passer vos matinées sur des tâches à plus haute valeur ajoutée.

Mais pour être franc avec vous, aucun startupper ne nous a dit être plus efficace et productif en soirée. En revanche, une vingtaine d'entrepreneurs nous ont spontanément parlé de leur travail matinal comme étant un de leurs principaux secrets de productivité. D'abord, si on arrive au bureau avant les autres, c'est un moment de très grande tranquillité. Mais c'est surtout le moment de la journée où on a l'esprit le plus clair : le sommeil a débarrassé l'esprit des pensées parasites qui ne ré-apparaîtront que plus tard dans la journée, et on peut plus facilement travailler sur les sujets importants.

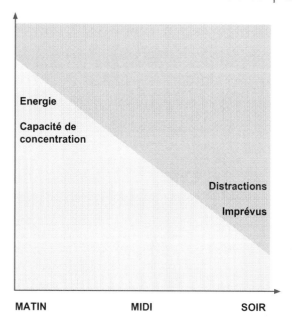

MATIN　　　　MIDI　　　　SOIR

La dernière chose à faire, c'est donc de gâcher cette clarté d'esprit en lisant vos e-mails au réveil. Vous commenceriez votre journée en brouillant votre esprit avec de nouvelles pensées parasites. Dans les « morning routines » les plus courantes que les entrepreneurs ont partagées avec nous :

> Définir les trois tâches à accomplir à tout prix dans sa journée puis effectuer la plus difficile : vous vous souvenez du crapaud dont on parlait plus haut ?

> Faire du sport : le *seven minute workout* peut être une bonne option…

> Méditer : s'il y a bien un moment où on a peu de risque d'être dérangé, c'est quand les autres ne sont pas encore réveillés…

> Boire un grand verre d'eau : on perd au moins 20 cen-
> tilitres d'eau quand on dort, ce n'est pas idiot de se
> réhydrater un peu…

> Faire son lit : une première tâche simple qui peut moti-
> ver à faire toutes les autres.

Ayez du bon matos

Pour se mettre dans de bonnes conditions de travail, il faut aussi se mettre dans de bonnes conditions matérielles.

Et ça commence bien sûr par votre ordinateur : c'est *lui* qui doit vous attendre, et pas l'inverse.

Si le sablier d'attente apparaît trop souvent, achetez un ordinateur plus performant. Si ça vous fait gagner 10 minutes par jour et que vous le conservez 5 ans, ça vous fera gagner 25 jours de travail. Ça vaut bien un ordi à 1000 euros.

Mac ou PC ? On ne veut pas se faire d'ennemis, mais sachez que l'immense majorité des startuppers bossent sur Mac. Les principales raisons évoquées : ça plante moins, et c'est plus beau :) Cela dit, la plupart des logiciels disponibles sont de toute façon aujourd'hui de type SaaS (application disponible directement depuis votre navigateur web), donc indifféremment accessibles depuis un Mac ou un PC. Bref, à vous de voir !

Autre conseil évoqué par plusieurs entrepreneurs pour gagner du temps au quotidien : accélérer la vitesse de son pointeur de souris. Ça peut paraître hyper trivial mais ça pourrait vous changer la vie ! Si vous utilisez une vraie souris, positionnez la jauge de vitesse à environ 80 % (et à 100 % pour les plus ambitieux). Au début, elle vous paraîtra un peu hors de contrôle, mais après quelques minutes de pratique, vous ne pourrez plus jamais revenir en arrière. Et pour les pavés tactiles, la règle est simple : si vous parcourez la diagonale du pavé tactile avec votre index, la flèche de la souris doit au minimum parcourir la diagonale de l'écran.

Pensez aussi à avoir toujours à portée de main des écouteurs : très utiles pour avoir une conversation téléphonique et prendre des notes en même temps, et éviter les torticolis.

Dernier conseil malin qu'on nous a donné : vous pouvez acheter tous vos chargeurs et câbles en double : la moitié au bureau, la moitié chez vous. Ça vous évitera de les perdre ou de les chercher en permanence… et puis ça allégera votre sac :)

Google is King

En matière de logiciels, il faut accepter d'être un peu moutonnier. Google a tellement d'utilisateurs qu'ils peuvent se permettre de payer plus de développeurs, qui ont le temps de débugger et de bûcher en permanence sur de nouvelles fonctionnalités. Et puis comme disait assez justement un entrepreneur que nous avons rencontré : Facebook est pensé pour nous faire perdre du temps, Google pour nous en faire gagner.

Par exemple, utilisez Gmail pour vos e-mails et Chrome pour votre navigateur, comme 99 % des entrepreneurs que nous avons consultés. Au delà de leur vitesse, leur grande force, ce sont les milliers d'extensions extrêmement utiles que nous détaillerons dans les pages suivantes.

Et si la suite Microsoft Office (Word, Excel, Powerpoint) a révolutionné notre façon de travailler dans les années 90, les entrepreneurs que nous avons consultés sont quasiment tous passés sur les solutions en ligne de Google – Google Docs, Google Sheets et Google Slides. Même les anciens banquiers et consultants. Ces outils possèdent trois atouts essentiels (en plus d'être gratuits) :

> La collaboration. L'édition simultanée par plusieurs utilisateurs qui facilite énormément le travail à plusieurs. Plus besoin de s'envoyer de lourdes pièces jointes dans les e-mails. Pour écrire ce livre à six mains par exemple, nous avons travaillé exclusivement sur Google Docs.

> L'enregistrement permanent. Aucun risque de perdre tout votre travail parce que votre ordinateur a crashé (levez la main si ça vous ne vous est jamais arrivé). Et aucun risque d'erreur sur les différentes versions d'un fichier – Google vous permet de retrouver n'importe quelle version précédente dans son historique : pratique pour corriger l'erreur du stagiaire qui a fait crasher le modèle.

> Les fonctionnalités. Non seulement leurs fonctionnalités sont presque aussi nombreuses que celles d'Office, mais ces outils possèdent aussi pas mal de fonctions uniques[13]. Sans compter les visualisations, souvent plus sophistiquées sur Google sheets.

Si vous hésitez sur le choix d'un logiciel

Comme on vous le disait plus haut, en matière de logiciels, il faut accepter d'être un peu moutonnier. Quand vous choisissez un outil, il faut choisir celui sur lequel bossent le maximum de développeurs, donc a priori le plus utilisé … et pour ça, une solution ultra-simple : faites un petit tour sur Google Trends (https://trends.google.com) avant de faire

---

[13] Exemples sur Google Sheets : la fonction =unique() qui retourne les valeurs uniques d'une liste de données ou la fonction =filter() qui retourne une version filtrée de la plage source avec uniquement les données qui répondent aux conditions spécifiées.

votre choix. Voici ce que ça donne par exemple si vous voulez choisir une plate-forme de e-commerce quand on compare les quatre principaux outils utilisés dans le monde depuis 2004…

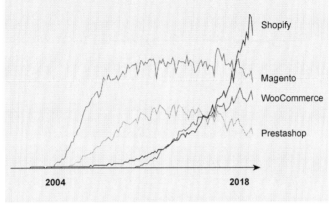

AUTOMATION : AUTOMATISEZ LES ACTIONS RÉPÉTITIVES

La règle d'or : si vous effectuez une action plus d'*une seule* fois, il faut chercher à l'automatiser. On va vous présenter quatre domaines où l'automatisation est très facile.

Laissez votre ordinateur remplir les formulaires

Vous l'avez vécu des centaines de fois : passer dix minutes à remplir vos coordonnées avant qu'un site ne crashe, tenter cinq mots de passe différents avant de cliquer sur « mot de passe oublié », aller chercher votre carte de crédit dans une autre pièce pour procéder à une transaction… Les formulaires sont la plaie de la navigation sur le web.

Il existe pourtant des outils géniaux qui – en plus d'améliorer la sécurité de vos données en ligne – rempliront tous ces formulaires à votre place, de manière totalement automatique. Pour les identifiants et mots de passe, 1Password fonctionne très bien. Si vous voulez un outil plus complet qui remplisse l'ensemble de vos formulaires, utilisez Dashlane, souvent cité par les entrepreneurs.

La seule chose qu'il vous restera à faire, c'est de retenir un méta mot de passe qui deviendra votre sésame universel pour naviguer sur le web.

Laissez votre ordinateur traiter vos e-mails

Les e-mails que vous recevez contiennent une mine d'informations – destinataire, sujet, date etc. – qui peuvent toutes être intelligemment utilisées pour automatiser des actions qui vont vous rendre la vie plus facile. Pour ça, mettez en place des « filtres » dans Gmail, en cliquant sur la petite flèche vers le bas de la barre de recherche. Quelques exemples :

> Vous pouvez appliquer dans Gmail un libellé à tous les e-mails provenant par exemple de votre boss ou de vos cinq principaux clients. Du genre « VIP », avec une

couleur rouge vif. Quand vous serez face à des dizaines d'e-mails non lus, vous repérerez plus facilement les e-mails importants.

> Vous pouvez répondre automatiquement à certains e-mails. Exemples :

– Si vous êtes souvent sollicité pour des demandes de stage que vous ne pouvez pas pourvoir (sujet contenant le mot « stage » et provenant d'un e-mail extérieur à votre entreprise), mettez en place un filtre qui envoie une réponse automatique de refus (fonctionnalité « canned responses » à activer dans Gmail Labs ou mise en place d'une règle sur l'outil Mixmax).

– Vous pouvez décliner automatiquement des invitations à des réunions si elles sont en dehors de vos horaires de travail ou si vous avez déjà accepté une autre réunion.

> Vous pouvez aussi supprimer (ou archiver) automatiquement certains types d'e-mails inutiles. Exemple : ne pas faire apparaître les réponses positives aux invitations à des réunions que vous envoyez en archivant automatiquement les e-mails contenant « invitation acceptée » en sujet (ce qui vous fera éventuellement décaler une réunion, c'est quand quelqu'un décline une réunion, pas quand il l'accepte).

Mixmax : Gmail sous stéroïdes

Mixmax fait partie des deux seuls outils de ce livre auxquels nous avons accordé un encadré dédié. Et pour cause : Mixmax décuple les possibilités de Gmail et a été très souvent cité par les entrepreneurs. Parmi les fonctionnalités qui peuvent vous changer la vie :

1/ Send Later : Mixmax peut vous permettre d'envoyer un e-mail plus tard, à l'heure de votre choix, par exemple s'il est un peu tard et que vous ne voulez pas inciter vos collègues à travailler encore plus tard que vous.

2/ Rappels : Mixmax peut vous envoyer un rappel si votre interlocuteur ne vous a pas répondu au bout de deux jours par exemple. Ça vous évitera d'avoir à penser à le relancer et vous pourrez évacuer le sujet de votre esprit.

3/ Partage de vos disponibilités : Mixmax vous permet de partager avec quelqu'un plusieurs créneaux disponibles de votre calendrier en un clic, puis crée automatiquement une invitation sur vos agendas respectifs. Indispensable pour éviter de perdre du temps inutile en allers-retours pour fixer un rendez-vous.

4/ Tracking : Mixmax vous permet de savoir si une personne a lu votre e-mail, et même à quelle heure. Pratique pour savoir s'il est utile ou non de la relancer. Ou juste pour assouvir votre curiosité :)

5/ Séquences : Mixmax vous permet de faire du « publipostage », c'est-à-dire d'envoyer un e-mail personnalisé à des dizaines voire des centaines de contacts en même temps. Et si vos interlocuteurs ne répondent pas au bout d'un certain temps, Mixmax peut les relancer seul, avec le message de votre choix. « Bonjour [Prénom], il me semble que vous ne m'avez pas encore répondu, est-ce que vous avez besoin d'informations supplémentaires ? » Vous pouvez aussi tenter d'écrire « up » (pour signifier que vous voulez faire remonter le message dans la boîte mail de votre interlocuteur) voire « ping » (utilisé en informatique pour faire une requête sur un serveur). Comme c'est un peu inattendu et un peu plus ferme, votre taux de retour devrait être bien meilleur.

Bref, vous appuyez sur « envoyer », vous allez vous asseoir dans votre canapé, et Mixmax commence à bosser pour vous.

La version gratuite vous permet d'utiliser en gros 10 fois chaque fonctionnalité par mois… C'est déjà très bien pour commencer. Seule la fonction « publipostage » n'est accessible que dans les versions payantes (mais pour ça, vous pouvez utiliser la version gratuite de Yet Another Mail Merge, un outil moins paramétrable mais néanmoins très bien foutu).

Laissez votre ordinateur gérer vos process

Certains processus que nous réalisons au quotidien reposent sur des logiques conditionnelles simples. En gros, « si la condition X est vraie, alors faire Y ». Exemple : si vous recevez une facture mensuelle d'un prestataire, vous devez accuser réception puis ranger la facture dans un dossier de votre Dropbox. Un processus rébarbatif et répétitif que vous pouvez automatiser pour vous concentrer sur des tâches à plus haute valeur ajoutée. Un entrepreneur que nous avons rencontré a automatisé ainsi plus de 50 de ses processus quotidiens !

Le roi de ces outils, c'est Zapier, un outil qui connecte plus de 750 applications entre elles : Gmail, Google Sheets, Expensify, Instagram, Facebook, Dropbox, etc. Pour revenir à l'exemple de la facture de votre prestataire, vous définissez comme « déclencheur » la réception d'un e-mail de votre prestataire dans Gmail et comme « action » la réponse à cet e-mail puis le classement de la pièce jointe dans un dossier Dropbox. Mais il y a bien sûr des millions d'autres possibilités, comme celle de bloquer automatiquement dans votre calendrier une plage de deux heures avant et après votre vol pour prendre en compte votre déplacement vers et depuis l'aéroport[14].

Deuxième outil : Hazel (pour Mac uniquement. Un équivalent plus ou moins proche sur PC s'appelle DropIt). Hazel ne connecte pas entre eux des services en ligne mais vous permet de définir des règles pour gérer les fichiers de votre ordinateur. Quelques exemples tout bêtes : si un des fichiers de votre dossier « téléchargements » fait plus de 1 Go et n'a pas été ouvert depuis deux semaines, Hazel peut le supprimer automatiquement. Si un fichier contient le mot « facture », Hazel peut créer une copie, la renommer

---

[14] Le déclencheur est le mot « Vol » ou « Flight » dans une invitation de votre calendrier, l'action est la création automatique d'une plage de 2h précédant et suivant votre vol, et intitulée 'Déplacement aéroport'. Nous conseillons aussi de mentionner '[invitation créée automatiquement avec Zapier]', cela permet à ceux qui ont accès à votre calendrier de comprendre que le temps bloqué dans votre calendrier peut ne pas être exact à 100 %.

avec la date du jour et la mettre automatiquement dans un dossier « comptabilité ».

Les jusqu'au boutistes de la productivité utiliseront IFTTT (*If This Then That*). Il couvre certains des usages de Zapier, mais permet en plus de connecter des outils de la maison connectée. Et là, ça peut devenir assez magique. Vous pouvez recevoir une notification sur votre smartphone si la porte du frigo est restée ouverte, arroser votre jardin automatiquement s'il n'a pas plu depuis longtemps, mettre votre téléphone en silencieux quand vous arrivez au bureau, éteindre le chauffage si toute la famille a quitté la maison, etc. Bref, à partir de là, vous commencez à *automatiser votre vie*. A vous de voir si ça ne va pas un peu trop loin...

Et si vous utilisez des applications trop spécifiques à votre métier et qui ne sont donc pas connectables *via* Zapier ou IFTTT ? Bienvenue dans le monde de la « RPA » : la *Robotic Process Automation*. Ça paraît tout bête : au lieu d'utiliser du code informatique pour relier les applications entre elles (les fameuses « API »), la RPA imite le comportement humain grâce à des petits scripts qui cliquent sur les différentes zones de l'écran, comparent des données ou entrent des textes dans les champs des formulaires. Mais c'est en train de devenir un énorme business : les entreprises leaders du secteur comme UiPath ou Blue Prism sont devenues depuis 2018 des « licornes » valorisées plus d'un milliard d'euros… Et elles pourraient bien continuer à exploser dans les prochaines années.

Il faut dire qu'il y a de quoi faire dans les entreprises qui font beaucoup de paperasse, comme les banques, les assurances ou les télécoms. Ces robots permettent alors d'automatiser les processus comme la création de contrats, la gestion des sinistres, le traitement des réclamations, la facturation, la protection contre la fraude, etc. L'objectif : leur confier les tâches ennuyantes et répétitives pour laisser les employés se concentrer sur les « exceptions », où ils ont une vraie valeur ajoutée, *via* leur empathie ou leur capacité de jugement. Bien sûr, ces entreprises pourraient mettre en place des logiciels dédiés pour ces tâches, mais la RPA leur évite de remettre à plat tout leur système informatique. Bref, ça coûte beaucoup moins cher.

Mais pour vous, concrètement, ça sert à quoi la RPA ? Si vous estimez que vos tâches quotidiennes sont trop répétitives, rien ne vous empêche de mettre en place un système de RPA tout seul. L'avantage, c'est que ça ne touche pas au code informatique, donc vous n'avez pas besoin de consulter le patron des systèmes d'information :) Il suffit juste d'un peu de bon sens et de patience. En plus, UiPath, par exemple, est gratuit pour les entreprises de moins de 250 postes de travail.

Utilisez l'intelligence artificielle

2001 L'Odyssée de l'Espace, Blade Runner, Wall-E... Il n'y a encore pas très longtemps, l'intelligence artificielle, c'était dans les films. Dans la vraie vie, les progrès de l'intelligence artificielle ont longtemps été assez lents.

Tout s'est accéléré à partir des années 2010, quand l'intelligence artificielle a bouleversé sa façon d'apprendre. Avec le « deep learning », on a calqué les modes d'apprentissage des machines sur les modes d'apprentissage humains. Par exemple, pour développer une intelligence artificielle de reconnaissance d'images, on a arrêté d'expliquer à l'algorithme qu'un chat était un animal composé de 4 pattes et 2 oreilles : on lui soumet maintenant des millions de photos de chats et on lui désigne lesquelles représentent effectivement un chat. Une façon d'apprendre qui a été rendue possible par l'augmentation exponentielle de la quantité de données produites dans le monde avec internet et les réseaux sociaux, et qui permet « d'entraîner » ces intelligences artificielles.

Résultat : une progression ultra-rapide de l'intelligence artificielle qui est en train de bouleverser notre façon de travailler. Ses impacts sur notre économie et notre société seront bien sûr gigantesques, mais à court terme, vous pouvez déjà en profiter en déléguant à l'intelligence artificielle certaines tâches à faible valeur ajoutée.

La reconnaissance vocale

L'image du patron dictant des courriers à sa dactylo ? Plus que jamais une vision du passé. Comme on parle en moyenne deux fois plus vite que la vitesse de frappe des meilleurs dactylos, la reconnaissance vocale permet d'écrire ses idées très rapidement.

En mai 2017, grâce au deep learning, l'intelligence artificielle de reconnaissance vocale de Google est passée sous la barre du taux d'erreur de 5 %, soit moins que le taux d'erreur d'une retranscription humaine. Les progrès sont ultra-rapides : le taux d'erreur était encore de 8,5 % en juillet 2016… Cortana (la reconnaissance vocale de Microsoft) ou Siri (celle d'Apple) suivent les mêmes trajectoires.

Vous parlerez toujours plus vite que vous n'écrivez… mais vos interlocuteurs vous liront toujours plus vite qu'ils ne pourront vous écouter ! Donc si vous ne le faites pas déjà, utilisez quand vous pouvez la fonction de reconnaissance vocale de votre smartphone pour envoyer des SMS ou des messages WhatsApp depuis votre smartphone.

L'aboutissement ultime de la reconnaissance vocale, c'est l'enceinte connectée. Alexa d'Amazon, Google Home ou Homepod d'Apple : toutes ces enceintes ont en théorie de quoi vous faire gagner énormément en productivité personnelle. Grâce à la commande vocale, elles font disparaître totalement l'interface écran-clavier et donc toute friction entre vous et le service que vous désirez. A la seconde où vous y pensez, vous pouvez lancer une chanson, commander un taxi, ajouter quelque chose à votre liste de courses, voire acheter quelque chose immédiatement.

Bien sûr, vous n'avez pas trop envie de vous taper l'affiche au milieu de l'open space, alors ces enceintes vous serviront plutôt à domicile. Sauf Alexa for business, qui pourrait bientôt investir vos salles de réunion : avec cette enceinte, vous pouvez par exemple créer ou rejoindre facilement une téléconférence, voire régler la lumière et la température de la salle sans quitter votre chaise ni toucher à votre clavier…

La dactylographie sur mobile

Vous connaissez peut-être le clavier Swiftkey, une des applis mobiles les plus populaires du monde, déjà installée sur 300 millions de smartphones iOS ou Android. Elle vous permet d'accélérer très largement votre rapidité d'écriture en choisissant parmi les trois suggestions apparaissant juste au-dessus du clavier.

La justesse de ces prédictions a fait un bond en avant en 2016. Swiftkey se basait avant sur la fréquence d'utilisation des groupes de mots ; désormais, l'outil utilise le deep learning pour vous proposer les trois différentes options, ce qui lui permet d'améliorer ces suggestions en fonction du sens réel de votre phrase. Typiquement, si vous venez de parler de votre journée de lundi dans un SMS puis que vous écrivez « j'ai passé », le clavier vous proposera plutôt « un bon week-end » plutôt que « un bon moment ». Bref, c'est un peu comme si le clavier réfléchissait à votre place...

La traduction

Les subtilités du discours, le second degré, les jeux de mots... on a longtemps pensé que les machines ne pourraient jamais approcher la qualité de la traduction humaine. Depuis fin 2016, le deep learning est là aussi en train de changer la donne. La qualité des traductions réalisées par les nouvelles intelligences artificielles est désormais supérieure à celle de la plupart des non-natifs.

Résultat : la barrière de la langue disparaîtra vite de toutes les communications écrites (e-mails, tchats...). Et l'intégralité du web est en train de devenir accessible au monde entier, quelle que soit sa langue. Vous pourrez lire un reportage d'un magazine coréen avec la même facilité qu'un article de votre journal préféré.

Google ou Facebook consacrent beaucoup de moyens à la traduction, mais pour une fois, ce ne sont pas les plus en avance. Les chercheurs français de Systran ont créé un moteur de deep learning de traduction d'une finesse jamais atteinte. Les résultats sont bluffants (à tester ici : https ://demo-pnmt.systran.net). Dommage que la version pro soit payante… Si vous ne voulez pas payer, faites comme plusieurs entrepreneurs avec qui nous avons discuté : installez l'extension Chrome Google Traduction. Elle traduit les mots automatiquement quand vous les surlignez, et permet de traduire les textes de votre choix quand vous cliquez sur l'icône de l'extension.

L'organisation des rendez-vous

Organiser un rendez-vous ou trouver une date de déjeuner, ça peut générer énormément d'allers-retours et vous prendre beaucoup de temps inutilement. Utilisez Julie Desk, un assistant virtuel à base d'intelligence artificielle. Vous ajoutez julie@juliedesk.com en copie de vos e-mails, et Julie organise les rendez-vous à votre place, en répondant à votre interlocuteur, en proposant des créneaux en fonction de vos disponibilités et des lieux en fonction de vos restos favoris par exemple. Encore un peu cher (minimum 100 euros par mois), mais plusieurs startuppers nous ont confié gagner plusieurs heures par mois grâce à elle.

Le futur de l'intelligence artificielle

Nous sommes en train de vivre le début d'une révolution. Dans les prochaines décennies, l'intelligence artificielle réalisera une part de plus en plus grande des tâches répétitives de notre travail. Des startups, comme *Growbots*, ont par exemple développé une intelligence artificielle pour prospecter de nouveaux clients à votre place. Bientôt, les voitures autonomes permettront d'oublier complètement la route et d'utiliser notre temps de trajet pour autre chose : travailler, lire un livre, regarder un film...

Jack Ma, le fondateur d'Alibaba, prévoit même que d'ici 30 ans, grâce à l'intelligence artificielle, nous ne travaillerons plus que 4 heures par jour et 4 jours par semaine. Plus que jamais, ce qui comptera, c'est la créativité et la qualité de notre travail, pas le nombre d'heures travaillées.

SPEED : ACCÉLÉREZ LES TÂCHES DU QUOTIDIEN

Pour identifier où se situent vos plus gros gisements de productivité, analysez la répartition de vos différentes tâches sur la semaine : le nombre d'heures passées en réunion, sur Excel, sur vos e-mails, vos réseaux sociaux... Vous pouvez l'estimer de manière grossière, ou vous pouvez le faire de manière plus précise avec un outil de type RescueTime. Ce petit logiciel gratuit s'exécute en arrière-plan sur votre ordinateur et mesure le temps passé sur chaque type d'application. On ne peut améliorer que ce qu'on mesure !

Accélérez votre vitesse d'écriture

On voudrait commencer par une évidence que beaucoup semblent oublier : au travail, le *seul* avantage de votre téléphone par rapport à votre ordinateur, c'est que vous pouvez l'utiliser quand vous vous déplacez. Il est en général moins puissant, moins rapide, son écran est plus petit, son clavier est moins pratique… Alors quand vous travaillez, arrêtez totalement d'utiliser votre téléphone, à part si vous devez appeler ou répondre à quelqu'un.

En fait, vous devez considérer votre téléphone comme une sorte de *modem* pour votre ordinateur, qui vous permet de communiquer *via* SMS ou Whatsapp. Donc laissez-le dans votre veste ou dans votre sac, et n'y touchez plus ! Il existe plein d'outils très bien fichus pour piloter votre smartphone depuis votre ordinateur. Pour Whatsapp, l'appli pour Mac ou PC ou la version web mobile (https://web.whatsapp.com) sont très bien faites. Pour les SMS, on vous conseille l'extension Mightytext (pour Android) ou l'appli AirDroid (pour Android ou iPhone).

La dactylographie

Aux États-Unis, on apprend la dactylographie à tous les élèves au collège. Étrangement, en France, l'éducation nationale se contente encore d'enseigner uniquement l'écriture cursive, qui représente pourtant une part de plus en plus faible de tout ce que nous écrivons…

Ce que l'école ne vous enseigne pas, vous devez l'apprendre par vous même.

Commencez par tester votre vitesse de dactylographie (par exemple sur le site 10fastfingers). Si vous écrivez en dessous de 30 mots par minute, vous tapez moins vite que la moyenne : vous avez une énorme marge de progression. Sachez par exemple qu'un dactylo professionnel tape entre 70 et 100 mots par minute… et que le record mondial absolu est détenu par Barbara Blackburn, avec des pics de vitesse à 212 mots par minute (c'est dans le Guinness des Records, mais elle a un peu triché, la disposition des touches de clavier avait été optimisée pour la saisie de l'anglais).

Pour être un bon dactylo, pas de place pour la créativité. Le secret repose dans le bon positionnement des doigts sur le clavier, qui permet de ne jamais regarder son clavier et de minimiser le déplacement des doigts. Sur un clavier Azerty, vous devez faire en sorte que vos deux index soient placés respectivement sur le « F » et le « J », les deux seules touches de votre clavier avec la petite barre en relief (oui, c'est à ça qu'elle sert). Les autres doigts viennent se positionner de manière à recouvrir les touches « QSDF » et « JKLM », et les deux pouces s'arrêtent sur la barre espace. Chaque doigt doit ensuite rejoindre des zones bien spécifiques : par exemple, l'annulaire gauche doit taper les lettres « Z », « S » et « X », point barre.

Il existe plein d'outils gratuits sur le web pour apprendre à dactylographier plus vite. Selon nous, le mieux foutu, c'est Typingclub : plus de 50 000 écoles l'utilisent aux États-Unis. Faites-vous une session de 10 minutes par jour. Attention, votre vitesse de dactylographie suivra une courbe en « J ». Le changement d'habitude va vous faire perdre en rapidité pendant quelques jours, mais ne vous découragez pas : vous ré-accélérerez au bout d'une semaine ou deux.

Les abréviations

Quand vous écrivez un e-mail, vous répétez souvent les mêmes phrases, typiquement : « Nos bureaux sont situés à la villa des trois Pépites, rue de l'Accélération, 59000 Lille. Code B4242 puis montez au deuxième étage. »

La solution pour dactylographier tout ça plus rapidement qu'un hacker d'Anonymous : l'extension Google

Chrome Auto Text Expander. Vous pré-enregistrez des phrases types et les abréviations correspondantes, du genre « :adr » pour l'adresse de vos bureaux. Magique. Vous pouvez aussi utiliser l'appli aText, payante ($5), mais qui permet de remplacer les abréviations sur l'ensemble de votre Mac, pas seulement dans Google Chrome. Sinon, vous pouvez aussi utiliser Alfred App qui propose cette fonctionnalité dans sa version payante.

Une liste complète d'abréviations glanées çà et là et dans laquelle vous pouvez piocher :

> Vos adresses pro et perso, avec bien sûr digicode et étage si besoin
> Toutes vos formules de politesse, au début ou à la fin d'un e-mail
> Votre prénom et votre nom
> Votre e-mail
> Votre numéro de téléphone
> Votre IBAN
> Votre numéro de Sécu
> Vos numéros de passeport, de permis, de carte d'identité
> Les infos de votre entreprise : nom, url, numéro de SIRET, TVA…
> Toutes les phrases que vous êtes amené à répéter dans le quotidien de votre métier, par exemple pour envoyer une proposition commerciale, un devis,

une facture, proposer un entretien, proposer un rendez-vous, refuser une demande de stage, etc.

> Abréviations de certains mots très courants : tjs pour toujours, jms pour jamais, bcp pour beaucoup, pj pour pièce jointe, etc.

> Abréviations dynamiques, par exemple pour mettre la date du jour avec un raccourci du type « :date » par exemple.

Les modèles

Si vous envoyez souvent les mêmes types d'e-mails pour faire de la prospection commerciale, fixer un rendez-vous ou encore refuser un candidat, vous pouvez aussi utiliser des modèles pré-formatés ou 'Canned responses' de Gmail. Ce sont des modèles d'e-mails que vous pré-écrivez et que vous pouvez ensuite personnaliser et envoyer en deux clics. C'est une fonctionnalité Gmail Labs à activer dans vos préférences. Si vous souhaitez plus de flexibilité dans la manière d'organiser ces réponses pré-écrites, préférez Mixmax.

S'il vous arrive de faire du « publipostage », c'est-à-dire d'envoyer des e-mails identiques à plusieurs personnes en personnalisant le nom du destinataire, son adresse et son numéro client, utilisez la technique du *Mail Merge*. L'idée : utiliser un tableur où figurent toutes les informations de personnalisation + un e-mail pré-formaté qui utilise toutes ces variables. Mixmax (encore lui !) fait ça très bien. Si vous voulez un outil moins cher voire gratuit dans certains cas, l'extension Chrome Yet Another Mail Merge (YAMM) fait très bien le job.

Exemple de modèle : « Bonjour <<Prénom_Nom>>, nous vous confirmons la soirée de lancement du livre le 1er décembre. Nous serons ravis d'accueillir tous les collaborateurs de <<Société>>, dites nous simplement combien vous êtes, A bientôt ».

Quatre techniques pour accélérer la communication par e-mail

L'ennemi ultime de la productivité dans les échanges d'e-mails : les ping pongs interminables. Exemple :
> E-mail n°1 : Voici ma proposition de tableau financier.
> Réponse : Ok, qu'est-ce que je dois faire ?
> E-mail n°2 : Me donner tes commentaires s'il-te-plaît.
> Réponse : Sur le fond ou sur la forme ?
> E-mail n°3 : Les deux !
> Réponse : Il y a une erreur sur l'avant-dernier calcul et il faudrait rendre le tableau plus lisible

> E-mail n°4 : Voici le tableau corrigé, est-ce que
> ça te va ?
> Réponse : Parfait pour moi
> E-mail n°5 : Super, est-ce que tu peux l'envoyer
> à la comptabilité et me mettre en copie ?
> Réponse : Je m'en occupe.

Comme d'habitude, vous devez *investir* du temps au départ pour accélérer les échanges qui suivront. Donc suivez ces quatre techniques, et votre futur vous en sera éternellement reconnaissant :

1- Écrivez clairement en début d'e-mail ce que vous attendez de la personne à qui vous écrivez, de préférence avec une seule question bien claire.

Pour les mails un peu trop denses, vous pouvez même utiliser la technique « TL;DR » pour donner un résumé express de l'e-mail en deux ou trois points, avec tout le reste renvoyé sous une ligne de séparation. Un peu comme un *executive summary*. Par exemple, si vous envoyez une invitation à des collègues pour une formation, vous pouvez écrire « TL;DR : Formation à la prise de parole en public mercredi prochain, répondez-moi si vous êtes intéressé », puis vous mettez les détails de la formation dans la suite de l'e-mail. L'abréviation a pour origine « *too long, didn't read* », encore utilisé dans les forums Reddit pour désigner une partie un peu longue qu'on a eu la flemme de lire.

2- Utilisez une structure du type « si… alors » (copyright Tim Ferriss pour cette technique). Pour reprendre l'exemple ci-dessus, vous auriez pu écrire : « Voici ma proposition de tableau financier. Si ça te va, peux-tu transmettre directement à la comptabilité en me mettant en copie ? Sinon, peux-tu me donner tes commentaires sur le fond ou sur la forme ? » Au lieu d'écrire cinq e-mails, vous n'avez eu besoin que d'un seul !

3- Hiérarchisez au maximum les informations avec des bullet points. Mieux encore que les *bullet points* : la liste numérotée. Elle permettra d'accélérer les discussions en faisant en sorte que tout le monde puisse comprendre précisément le point auquel on fait référence.

4- Illustrez ce que vous dites à l'aide d'images, de graphes ou de vidéos, etc. C'est parfois plus rapide que de longues explications. Essayez Cloud App, qui vous permet de faire des captures d'écran statiques, des gifs ou vidéos en un clic, en les annotant si nécessaire. Cloud App rend alors accessible vos captures d'écran *via* un lien URL que vous pouvez insérer facilement dans vos e-mails par exemple. La version gratuite fait largement l'affaire.

ACCÉLÉREZ VOTRE VITESSE DE LECTURE

Un lecteur moyen lit environ 200 à 300 mots par minute. Certains lecteurs, comme parfois les critiques littéraires, sont capables de lire jusqu'à 1000 mots par minute. Ces lecteurs rapides ont deux secrets :

1 - Ils ne subvocalisent pas

La subvocalisation consiste à répéter mentalement ce que nous lisons et calibre notre vitesse de lecture sur notre vitesse de parole, ce qui nous ralentit forcément.

2 - Ils accélèrent leur regard

Contrairement à ce qu'on pourrait penser, notre regard ne glisse pas de façon continue sur les mots d'une ligne : il la parcourt en une série de 5 ou 6 saccades d'environ un quart de seconde. Pour lire plus vite, il faut diminuer ce nombre de points d'arrêt à trois voire à deux par ligne. Notre cerveau utilise alors sa vision périphérique pour photographier les mots situés entre ces deux ou trois points.

Forcément, il est assez tentant de se former à ces techniques de lecture rapide. Surtout que beaucoup de livres ou de sites vous proposent de doubler ou tripler votre vitesse de lecture en quelques jours… Legentas propose des cours en ligne pour diminuer le nombre de points d'arrêt sur une ligne, Spreeder nous entraîne à lire plus vite en présentant des mots un par un très rapidement devant vos yeux, selon une technique de « rapid serial visual presentation ».

Mais contrairement à ce que promettent ces sites, la recherche a aujourd'hui plutôt tendance à dire qu'il n'existe pas de recette magique : si on accélère la lecture, le niveau de mémorisation ou de compréhension va avoir tendance à diminuer.[15]

Notre recommandation : appliquez éventuellement ces techniques pour la lecture de documents de travail un peu rébarbatifs, mais pour le reste, ne changez rien. D'ailleurs, si vous voulez lire un roman ou une BD au coin du feu, si on était vous, on baisserait plutôt le rythme…

Et si vous pensez n'avoir vraiment pas le temps de lire, mettez-vous aux podcasts. Une bonne dizaine d'entrepreneurs nous ont confié que c'était un des meilleurs usages qu'ils faisaient de leur temps quand ils sont dans les transports,

---

[15] So Much to Read, So Little Time : How Do We Read, and Can Speed Reading Help ? Keith Rayner, Elizabeth R. Schotter, Michael E. J. Masson, janv 2016. Psychological Science in the Public Interest.

en train de faire du sport, de cuisiner… Ces podcasts couvrent un spectre de sujets de plus en plus large, du développement personnel à l'actualité en passant par la culture générale. Et la différence fondamentale avec la radio, c'est que c'est *vous* qui décidez ce que vous allez écouter. Certes, ce que vous apprendrez vous servira rarement immédiatement, mais s'il y a bien quelque chose qui réunit ceux qui accomplissent le plus sur le long terme, c'est leur capacité à cultiver leur curiosité et à se nourrir en permanence. Warren Buffet affirme consacrer 80 % de son temps à la lecture, Bill Gates dévore plus de 50 livres par an, et Elon Musk affirme qu'il a appris à construire des fusées simplement en lisant ! Comme disait l'ex-président Truman : « Not all readers are leaders, but all leaders are readers. ».

ACCÉLÉREZ VOTRE NAVIGATION

Le temps de déplacer votre curseur puis de cliquer, vous avez eu le temps de faire au moins trois ou quatre raccourcis clavier. A moins que vous ne soyez graphiste ou architecte et que vous ne travailliez sur des logiciels de visualisation, oubliez votre souris au maximum. Vous réaliserez bientôt qu'elle n'est pas aussi essentielle que vous ne le pensiez. Dans certaines banques d'affaires, on demande même aux jeunes recrues de jeter symboliquement leur souris dès leur premier jour d'arrivée.

L'investissement dans l'apprentissage des raccourcis clavier sera un des plus utiles que vous pourrez faire. On partage avec vous ceux que vous devez absolument connaître dans les encadrés ci-dessous. On vous conseille cependant de les apprendre un par un afin de mieux les assimiler à votre quotidien.

Raccourcis Gmail

Gmail peut être utilisé exclusivement avec des raccourcis clavier… une fois que vous avez activé l'option 'raccourcis clavier' dans les préférences. On vous partage notre top 5.

Les 5 raccourcis Gmail les plus utiles

Écrire et répondre à un e-mail	composer C	répondre R	répondre à tous A
… et transférer / envoyer un e-mail	transférer F	envoyer (Mac) ⌘ ↵	envoyer (PC) Ctrl ↵
Sélectionner et archiver les e-mails	sélectionner X	archiver E	
Lire l'e-mail précédent et suivant	précédent J	suivant K	
Revenir à l'écran principal	avec filtres U	sans filtres G I	
Placer le curseur dans la barre de recherche	/ /		

Raccourcis Google Sheets et Excel

Sur un tableur, à moins que vous n'ayez beaucoup de temps à perdre, la souris est tout simplement INTERDITE. Les raccourcis Excel et Google sheets sont similaires à plus de 80 %, ce qui devrait aider les fans de Microsoft à migrer vers les outils Google en ligne.

Voici une liste de dix raccourcis Excel / Google Sheets (configuration en anglais), triés par ordre de fréquence d'utilisation. Pour la construire, nous avons sollicité les personnes capables de construire un modèle à 7 onglets en moins de 15 minutes : les banquiers et les consultants :)

Le raccourci le plus utile selon eux ? F2. Tellement indispensable que certains consultants vont même jusqu'à retirer la touche F1 de leur ordinateur pour ne pas taper dessus par erreur et faire apparaître un menu d'aide Windows très long à charger. Ce raccourci permet d'éditer une cellule et aussi lors d'écriture de formules complexes il permet de changer la fonction des flèches directionnelles : tantôt elles serviront à déplacer le curseur à l'intérieur d'une formule, tantôt elles permettront d'aller chercher une cellule sur votre tableau qui servira de référence relative dans votre formule. Attention : sur Mac, il vous faut d'abord activer l'accès direct aux touches F1, F2, F3 etc. pour éviter d'avoir à appuyer sur la touche *fn* et F2 simultanément. Pour ce faire, allez dans « Préférences Système > Clavier ».

Top 10 des raccourcis Mac pour tableur	Google Sheets		Excel	
Modifier la cellule active	F2		F2	
Passer en références absolues ou relatives ($)	F4		F4	
Étendre 1 formule sur une sélection de cellules	vers le bas : ⌘ D	vers la droite : ⌘ R	vers le bas : ⌘ D	vers la droite : ⌘ R
Coller uniquement la valeur	⌘ ⇧ V		⌘ ⌥ V	V
… et coller uniquement le format	⌘ ⌥ V		⌘ ⌥ V	T
Formater en nombre à 2 décimales	Ctrl ⇧ 1		Ctrl ⇧ 1	
… et formater en pourcentage	Ctrl ⇧ 5		Ctrl ⇧ %	
Insérer un commentaire	⌘ ⌥ M		⇧ F2	
Aligner le texte au centre	⌘ ⇧ E		⌘ E	
Répéter une même tâche	F4 ou ⌘ Y		F4 ou ⌘ Y	
Sélectionner 1 ligne ou 1 colonne entière	Ligne : ⇧ esp	Colonne : Ctrl esp	Ligne : ⇧ esp	Colonne : Ctrl esp
Sélectionner 1 plage de cellules vers la droite	⌘ ⇧ →		⌘ ⇧ →	
… et vers le bas	⌘ ⇧ ↓		⌘ ⇧ ↓	

Top 10 des raccourcis PC pour tableur	Google Sheets				Excel			
Modifier la cellule active	F2				F2			
Passer en références absolues ou relatives ($)	F4				F4			
Étendre 1 formule sur une sélection de cellules	vers le bas : Ctrl D	vers la droite : Ctrl R			vers le bas : Ctrl D	vers la droite : Ctrl R		
Coller uniquement la valeur	Ctrl	⇧	V		Alt	E	S	V
… et coller uniquement le format	Ctrl	Alt	V		Alt	E	S	T
Formater en nombre à 2 décimales	Ctrl	⇧	1		Ctrl	⇧	!	
… et formater en pourcentage	Ctrl	⇧	5		Ctrl	⇧	%	
Insérer un commentaire	Ctrl	Alt	M		⇧	F2		
Aligner le texte au centre	Ctrl	⇧	E		Alt	H	A	C
Répéter une même tâche	F4 ou Ctrl Y				F4 ou Ctrl Y			
Sélectionner 1 ligne ou 1 colonne entière	Ligne : ⇧ esp	Colonne : Ctrl esp			Ligne : ⇧ esp	Colonne : Ctrl esp		
Sélectionner 1 plage de cellules vers la droite	Ctrl	⇧	→		Ctrl	⇧	→	
… et vers le bas	Ctrl	⇧	↓		Ctrl	⇧	↓	

Raccourcis dans votre navigateur web

Sous Chrome – ou un autre navigateur web – voici les raccourcis les plus utiles :

Top 5 des raccourcis pour navigateur web	Mac	PC
Ouvrir un onglet	⌘ T	Ctrl T
Fermer un onglet	⌘ W	Ctrl W
… et rouvrir un onglet fermé par erreur	⌘ ⇧ T	Ctrl ⇧ T
Naviguer vers l'onglet de droite	Ctrl Tab	Ctrl Tab
… et naviguer vers l'onglet de gauche	Ctrl ⇧ Tab	Ctrl ⇧ Tab
Passer au champ suivant (formulaire)	Tab	Tab
Place le curseur dans la barre de recherche	⌘ L	Ctrl L

Raccourcis dans les solutions de traitement de texte (Word, Google Doc…)

Top 5 des raccourcis de traitement de texte	Mac		PC		
Aller en fin de ligne	⌘ →		Fin ou End		
… et en début de ligne	⌘ ←		Début ou Home		
Sauter de mot en mot	⌥ →		Alt →		
Supprimer un mot entier	⌥ Suppr		Ctrl Suppr		
Coller du texte sans mise en forme	⌘ ⇧ V		Alt E S V		
Inclure un lien hypertexte	⌘ K		Ctrl K		

Raccourcis dans les autres outils

On ne va pas vous faire la liste de tous les raccourcis clavier de l'univers, mais en voici quelques-uns bien utiles qui peuvent changer votre vie :

> Slack – Se rendre directement sur le *channel* ou la personne avec qui vous voulez discuter = ⌘ + K

> Evernote – Retrouver vos notes en un clin d'oeil = ⌘ + J

> Insérer un emoji sur Mac = ⌘ + Ctrl + Espace (sur PC, c'est un peu plus compliqué : vous devez cliquer sur l'icône clavier qui apparaît en bas à droite de votre écran dans la barre

des tâches. Une fois le clavier virtuel lancé, cliquez sur le smiley à côté de la barre d'espace, ça affichera le clavier d'emojis). Sur Mac, on nous a aussi parlé de l'appli Rocket, assez bien foutue.

Pour accélérer, arrêtez de flipper ! On vous explique comment.

Si on a peur de se planter, on va avoir tendance à lever le pied. Par exemple quand on lit plusieurs fois un e-mail avant de l'envoyer de peur de faire une boulette. Alors pour accélérer, il suffit juste de savoir comment revenir en arrière quand on s'est trompé :

> Sur Gmail, vous pouvez annuler l'envoi d'un e-mail pendant 5, 10, 20 ou 30 secondes après avoir cliqué sur « envoyer ». Il faut juste activer l'option dans les paramètres de Gmail. Choisissez la plus longue durée : il est très rare qu'un e-mail soit urgent au point que votre interlocuteur ne puisse pas attendre 30 secondes…

> Il y a bien sûr le raccourci universel ⌘ + Z, pour annuler presque n'importe quelle

action. A combiner avec ⌘ + Y, pour revenir sur une annulation trop rapide

> Un raccourci d'annulation hyper utile : ⌘ + Shift + T, pour rouvrir un onglet de navigateur que vous avez fermé trop vite.

> Si vous devez taper un mot de passe que vous ne voyez pas (du genre *****), faites ⌘ + C juste avant d'appuyer sur Entrée. Ça vous évitera de tout ré-écrire si jamais vous vous êtes trompé d'un caractère...

ACCÉLÉREZ LA RECHERCHE

La meilleure manière d'organiser ses fichiers et ses e-mails sur un ordinateur est assez contre-intuitive.

Dans la vraie vie, la meilleure manière d'organiser des affaires, c'est de les trier pour les retrouver facilement au moment où vous en aurez besoin. Si vous voulez classer vos vinyles par exemple, vous pouvez les classer par genre ou par ordre alphabétique.

Dans le digital, ce type de rangement ordonné représente en fait une énorme perte de temps. Les fonctions de recherche sont devenues tellement puissantes que vous pouvez retrouver n'importe quel fichier en moins d'une seconde. Beaucoup plus rapide que de chercher un fichier en essayant de vous souvenir de votre logique de tri…

Voici nos conseils pour faire vos recherches de la façon la plus efficace possible.

Recherche de fichiers

Oubliez la recherche « manuelle » *via* l'arborescence du Finder sur Mac ou l'explorateur Windows. La manière la plus rapide de trouver un fichier, c'est d'utiliser un outil de recherche instantanée, de taper la ou les premières lettres de l'application puis d'appuyer sur Entrée :

> Sur Mac, vous avez deux très bons outils de recherche instantanée : Spotlight (intégré en natif) ou Alfred App, que vous pouvez ouvrir tous les deux avec le raccourci ⌘ + Espace

> Sur Windows, utilisez la recherche Cortana *via* le raccourci Windows + S, ou Wox si vous voulez quelque chose d'un peu plus paramétrable comme Alfred App

Bien sûr, pour que ça marche mieux, vous devez soigner vos noms de fichiers pour préparer les recherches futures. La structure idéale est de démarrer avec la date en suivant un format AAAAMMJJ, puis d'utiliser des mots clés. Exemple : « 20180101_Draft_Productivité.pdf ». Ce format de date vous permettra de rapidement retrouver vos fichiers en les faisant apparaître par ordre chronologique. Sauf sur Google Drive : pas besoin de mettre la date, on écrase l'ancien fichier à chaque nouvel enregistrement et Google sauvegarde automatiquement l'historique.

Recherche d'applications

Vous perdez du temps à chercher une application dans le menu démarrer de Windows ou dans le dock de votre Mac : déplacer votre souris sera toujours plus lent que d'utiliser votre clavier.

La manière la plus rapide d'ouvrir une application, c'est donc d'utiliser un « lanceur d'applications », de taper la ou les premières lettres de l'application puis d'appuyer sur Entrée. Là encore, vous pouvez compter sur Spotlight ou Alfred App, Cortana ou Wox sur Windows.

Ayez le même réflexe sur smartphone : ne perdez pas de temps à rechercher les applications en faisant défiler plusieurs écrans... Sur iPhone, tirez l'écran d'accueil vers le bas pour faire apparaître le champ de recherche. Sur Android, tapez directement les premières lettres de l'appli dans le champ Google de la home page.

Et si vous avez besoin de faire des allers-retours permanents entre une application et une deuxième, par exemple pour recopier une série de données ? Bien sûr, il y a les indispensables « Alt + Tab » sur Windows ou « ⌘ + Tab » sur Mac. Mais dans certains cas, il est encore plus efficace d'avoir les deux fenêtres des applications juxtaposées sur le même écran : une fenêtre dans la moitié gauche, une dans la moitié droite. Hyper utile pour faire des glisser-déposer en série ou pour comparer le contenu de deux documents. Voici comment faire :

> Sur Windows, en matière de gestion des fenêtres, ils sont à la pointe (avec un nom comme ça…). Vous pouvez directement redimensionner les fenêtres ouvertes en les faisant simplement glisser vers les bords de l'écran. Par exemple, il suffit de glisser une fenêtre dans la partie gauche de l'écran pour qu'elle occupe la moitié gauche, ou vers le haut pour qu'elle en occupe la totalité.

> Sur Mac, si vous êtes sur l'OS El Capitan ou au-delà, maintenez enfoncé pendant plus de deux secondes le petit bouton vert en haut à gauche de votre fenêtre, relâchez-le, puis cliquez sur une autre fenêtre pour placer les deux apps côte à côte.

Recherche d'e-mails

Sur Gmail, vous avez de la chance : vous bénéficiez de la rapidité et de la pertinence du moteur de recherche le plus puissant du monde. Dans la plupart des cas, vous retrouverez vos e-mails avec quelques mots-clés bien choisis, mais de temps en temps, la recherche avancée peut s'avérer utile. Exemples :

> Par expéditeur et sujet : « from: paul.chef@gmail.com subject: filet mignon«

> Par expéditeur et destinataire : « from: paul.chef@gmail.com to: me »

> '-' pour exclure des mots de la recherche

> 'has: attachment' pour rechercher un e-mail qui contient une pièce jointe.

> Etc.

Quand vous écrivez un e-mail, on vous conseille d'accorder une attention particulière à la façon d'écrire le sujet, pour maximiser les chances de retrouver l'e-mail lors de vos recherches futures.

Alfred App – l'appli ninja de la productivité

Après Mixmax, dont on parlait plus haut, Alfred App est le deuxième outil auquel on a décidé de dédier un encadré. Plusieurs entrepreneurs nous ont confié l'utiliser plus de 100 fois par jour ! Chers utilisateurs de PC, désolé mais inutile d'aller plus loin : Alfred ne s'adresse qu'aux utilisateurs de Mac, et il n'existe encore aucun équivalent digne de ce nom sur Windows.

Alfred App a été créé il y a huit ans par Andrew et Vero Pepperrell, un couple d'Anglais qui l'améliorent sans relâche année après année, seuls. A force, c'est devenu une véritable appli ninja qui vous permet de gagner du temps sur plein de micro-tâches rébarbatives du quotidien. Et pour un prix vraiment faible par rapport au service rendu : 25 dollars (à payer une seule fois, ce n'est pas un abonnement).

Voici les fonctionnalités les plus utiles d'Alfred App :

1/ La recherche instantanée

Alfred App remplace d'abord avantageusement Spotlight, la recherche instantanée de votre Mac. En gros, vous faites ⌘ + Espace, vous entrez quelques lettres et vous pouvez lancer n'importe quelle application ou ouvrir n'importe quel fichier. La différence entre Spotlight et Alfred ? Alfred priorise les résultats en fonction de ceux auxquels vous accédez le plus souvent. Et ça fait toute la différence : dans l'immense majorité des cas, vous n'avez qu'à écrire deux ou trois lettres puis taper sur « Entrée ».

2/ Les « web custom searches »

Pour faire une recherche Amazon sur « la 25e heure » par exemple, vous devez normalement procéder à quatre étapes :

1. Aller sur votre navigateur web
2. Ouvrir un nouvel onglet
3. Aller sur Amazon.fr
4. Faire une recherche « la 25e heure »

Alfred App vous permet de lancer une recherche sur n'importe quel site directement depuis la barre de recherches Alfred (⌘ + Espace pour rappel). Donc désormais, si vous avez paramétré en amont « a = amazon.fr », vous pouvez réduire la recherche précédente à une seule étape :

Taper « a la 25e heure »
dans la barre de recherche Alfred

Ce qui vous permet en plus de minimiser les potentielles sources de distraction, si par exemple vous ouvrez votre navigateur et que vous tombez sur un e-mail qui vous fait de l'oeil…

Autres exemples :

> « g la 25e heure » => ouvre Google avec la recherche « la 25e heure »

> « i la 25e heure » => ouvre Google Images avec la recherche « la 25e heure »

> « a la 25e heure » => ouvre Amazon avec la recherche « la 25e heure »

> « wiki la 25e heure » => ouvre Wikipedia avec la recherche « la 25e heure »

> « sc la 25e heure » => ouvre Sens Critique avec la recherche « la 25eme heure » (a priori vous tomberez plutôt sur le film que le livre :)

> « m canebière marseille » => ouvre Google Maps avec la recherche « canebière marseille »

> « t ananas » => ouvre WordReference (ou Google Translate) avec la recherche « Ananas » et les résultats correspondants de traduction en anglais

> « y Norman » => ouvre YouTube avec la recherche « Norman »

> liste non-exhaustive : vous pouvez paramétrer n'importe quel autre site qui intègre un moteur de recherche

3/ Les snippets

Encore une fonctionnalité qui peut vous faire gagner des centaines d'heures. Alfred App intègre un « Text Expander » du même type que ceux dont on vous parlait plus haut dans la partie « accélérez votre vitesse d'écriture ». Vous pré-enregistrez des phrases types et les abréviations correspondantes, du genre « :adr » pour l'adresse de vos bureaux. Quand vous taperez ces abréviations n'importe où sur votre Mac, Alfred App les remplacera par les textes correspondants.

Petits bonus d'Alfred App :

> vous pouvez entrer des variables dans les textes de remplacement. Concrètement, pour renommer un fichier, vous pouvez écrire au début « :date » ; Alfred App le remplacera automatiquement par la date du jour, par exemple « 2018-04-24 ».

> vous pouvez précharger des listes déjà existantes de snippets, comme par exemple une liste avec des milliers d'emojis tout prêts 👍 : Alfred Emoji Pack. Pour écrire un Emoji, vous n'avez plus qu'à faire ⌘ + Espace, taper « s » puis les premières lettres du nom d'un emoji,

et c'est terminé. C'est une alternative à la fonction native de mac (⌘ + Ctrl + Espace), qui est un peu lente de temps en temps.

4/ Le gestionnaire de presse-papiers

C'est le genre de fonctionnalités dont il est assez difficile d'anticiper à quel point ça peut nous changer la vie. Mais croyez-nous, elle devient indispensable à la minute où on l'installe. En gros, avec un raccourci clavier du type « ⌘ + ⌥ + V », vous avez accès à l'ensemble des textes que vous avez copiés depuis une semaine. Principal cas d'utilisation : vous voulez coller un texte mais vous vous rendez compte que vous avez fait un autre copier/coller entre temps ! Pas de problème avec Alfred App, vous pouvez retrouver l'ancien texte en une demi-seconde.

5/ Les workflows

Vous pouvez aller encore plus loin grâce aux « workflows », des petites fonctionnalités créées par la communauté, comme par exemple :

> Obtenir un mot de passe solide en tapant « pwdgen »

> > Trouver un gif rigolo sur Giphy en tapant
> > « gif » puis le nom de votre recherche
> > Avoir la météo du jour en tapant « weather »
> > Etc.

Vous les trouverez facilement en googlant celles que vous désirez.

Recherche web

Sur Google, les fonctions de recherche avancée peuvent également s'avérer très utiles :

> Recherche exacte à l'aide de guillemets : « gagner du temps pour profiter plus »
> Recherche dans un site en particulier : « site: youtube. com TED talk gagner une heure pour profiter plus »
> Recherche d'un certain type de fichier : « accélération type: pdf »
> Chercher la définition d'un terme : « define: accélération »
> Recherche combinée : « accélération or efficacité »

En passant, on voulait vous présenter l'extension Chrome qui, une fois installée, sera très certainement l'outil que vous utiliserez le plus souvent… sans même vous en rendre compte : Resulter. Au lieu de cliquer sur les résultats Google avec votre souris, Resulter vous permet d'utiliser les flèches du bas et du haut de votre clavier pour accéder au résultat de votre choix. Temps gagné par jour : une seconde x votre nombre de recherches quotidiennes...

Les 12 outils indispensables des *productivity freaks* (parmi les plus souvent cités par les entrepreneurs interrogés)

1- Si une personne vous sollicite par e-mail, vous avez besoin d'un maximum d'éléments de contexte pour lui répondre. Au lieu de perdre du temps à aller chercher des informations sur la personne sur LinkedIn, voici une extension géniale pour Gmail : LinkedIn Sales Navigator. Elle affiche les données Linkedin de votre interlocuteur sur la droite de votre écran, avec sa photo, son parcours, sa localisation et même les contacts que vous avez en commun. La version gratuite, LinkedIn Sales Navigator Lite fonctionne parfaitement. Vous pouvez aussi utiliser l'extension Fullcontact qui a l'avantage supplémentaire de récupérer les comptes des réseaux sociaux d'une personne à partir de son e-mail et d'ajouter sa fiche contact dans son carnet d'adresse !

2- Si vous cherchez l'e-mail d'une personne que vous ne connaissez pas, l'extension Clearbit pour Gmail vous permettra de trouver l'e-mail de n'importe qui en entrant son nom et le nom de l'entreprise concernée, et ça marche dans 80 % des cas, même pour certains PDG du CAC 40 :) 100 crédits de recherche par mois sont offerts – largement suffisant pour la plupart des utilisations. La condition pour utiliser le service : accepter de donner accès à vos contacts. C'est du donnant-donnant : c'est le principe même de l'outil, un système ouvert au service de tous. Un outil à compléter éventuellement par Hunter, si vous ne trouvez pas l'e-mail recherché sur Clearbit. Hunter recherche tous les e-mails d'une entreprise disponibles publiquement sur le web afin de reconstituer pour vous son format type d'e-mail, comme par exemple prénom.nom@ entreprise.com.

3- On vous envoie par e-mail un contrat ou un courrier à renvoyer signé ? Ne perdez pas de temps à imprimer, signer et scanner… Ouvrez le pdf directement dans Acrobat Reader ou avec Aperçu (Mac) et apposez directement à l'intérieur un tampon, une signature voire un paraphe que vous aurez préalablement numérisés (ça peut se faire tout simplement grâce la caméra de votre ordi). Bien sûr, ce cas s'applique si on ne vous a pas envoyé le document avec un outil de type Docusign.

4- Vous perdez souvent du temps à cliquer sur « Résultats suivants » sur Google ou « Page suivante » sur LeBonCoin ? AutoPagerize transforme n'importe quelle page en scroll infini.

5- Si vous perdez trop de temps sur vos notes de frais, utilisez Expensify. Quand vous recevrez une facture par e-mail, il vous suffira de la transférer à receipts@expensify.com et si vous avez un ticket de caisse, vous n'avez qu'à le prendre en photo et l'outil l'analysera pour vous en reconnaissance de texte. Si vous êtes patron et que vous voulez automatiser la paie de vos employés, essayez Payfit, dont on nous a dit le plus grand bien.

6- L'extension Chrome One Tab vous permet de fermer tous vos onglets en un seul clic, au lieu de perdre du temps à les fermer un par un. Vous pouvez aussi demander à One Tab de ne fermer qu'une sélection d'onglets, par exemple les onglets situés à droite de l'onglet actif.

7- Paste est l'appli qui réinvente le Presse-Papiers en sauvegardant l'historique de vos copier / coller.

8- Le Self Journal, un projet initialement lancé sur Kickstater en 2015, est un journal papier qui vous aide à aligner votre travail au quotidien avec vos grands objectifs de vie, en y écrivant par exemple chaque jour les trois tâches à accomplir à tout prix.

9- Sanebox vous aide à filtrer les emails en classant ceux qui sont moins importants dans un dossier à part, avec une précision apparemment inégalée. De quoi atteindre très souvent l'Inbox Zero…

10- Oubliez le scanner. Une appli smartphone comme iScanner (iOS ou Android) ou Drive sera beaucoup plus rapide, avec un niveau de qualité presque équivalent.

11- Quelle messagerie devez-vous vérifier en premier… Gmail ? Whatsapp ? Messenger ? Slack ? Skype ? Avec Franz, la réponse est simple : « toutes en même temps ». Un super outil gratuit qui réunit l'ensemble de vos messageries dans une seule interface.

> 12- Ce n'est pas un outil digital au sens propre, mais les casques à réduction de bruit Bose Quiet Comfort font apparemment des merveilles pour réussir à se concentrer dans un open space un peu trop animé.

ACCÉLÉREZ VOS RÉUNIONS

Dans la plupart des entreprises, les employés passent énormément de temps en réunion : ça peut aller de 20 % du temps pour les plus juniors à presque 80 % pour les plus hauts échelons. Pourtant, et c'est tout le paradoxe, personne n'aime les réunions. On s'en plaint même tout le temps : trop longues, trop nombreuses… Et on a bien raison : dans la plupart des cas, être en réunion, ce n'est pas faire une utilisation efficace de son temps.

Avant toute chose, si vous devez organiser une réunion, demandez-vous d'abord si elle est vraiment indispensable. « Les personnes les moins productives sont souvent celles qui préfèrent organiser des réunions », disait l'économiste Thomas Sowell. Une réunion doit seulement servir à 1/ prendre une décision nécessitant l'avis de plusieurs personnes, 2/ brainstormer, 3/ annoncer une décision difficile ou au contraire donner de l'énergie, par exemple pour lancer un projet. Dans presque tous les autres cas, un e-mail doit pouvoir suffire.

Si vraiment vous n'avez pas le choix, voici les meilleures pratiques des startuppers pour en finir avec les
réunions interminables :

MEETING RULES

0 retard.

1 écran.

2 pizzas.

30 minutes.

0 retard

Vous avez tous vécu cette situation : la réunion doit commencer à 9h, mais le chef de projet, qui est parti se chercher
un café, n'arrive qu'à 9h05. Le responsable marketing, lui, a
dû gérer un e-mail urgent, et ne se pointe qu'à 9h10. Le chef
de projet commence seulement alors à lancer la présentation… pour se rendre compte que le câble de projection
qu'il a apporté n'est pas le bon. Le temps d'aller en chercher
un autre, la réunion commence à 9h15.

Normal ? Sauf que ce quart d'heure, il a été perdu pour les
six personnes autour de la table. A cause du chef de projet
qui a mal géré son lancement de réunion, tout ce monde

devra sortir du boulot 15 minutes plus tard. Et au niveau de l'entreprise, ce seront 15 × 6 = 90 minutes de travail de perdues. Amusez-vous avec le calculateur de coût de réunion réalisé par Harvard Business Review pour mesurer l'impact d'une réunion avec trop de gens ou qui dure trop longtemps (Googlez « meeting cost calculator » pour le trouver).

On n'a pas trouvé de meilleur moyen que de faire commencer une réunion à l'heure *pile*. Chaque minute de retard avant le début d'une réunion, c'est autant de temps perdu pour l'ensemble des personnes présentes. Donc si vous organisez la réunion, venez 15 minutes en avance pour gérer les éventuels problèmes techniques. Mieux vaut qu'une seule personne passe 15 minutes à préparer la réunion plutôt que de faire perdre 90 minutes à toute l'équipe. A ce propos, voici un conseil très précieux qu'on vous re-transmet tel quel : si vous êtes amené à faire régulièrement des présentations en dehors de votre bureau, investissez une bonne fois pour toutes dans un adaptateur avec trois ports HDMI / VGA / DVI, les trois types de connecteurs des télévisions ou des vidéoprojecteurs… Et ce sera la fin de vos paniques de connectique.

Et si les participants arrivent en retard, faites en sorte que ça n'arrive pas une deuxième fois. Une bonne astuce qu'on nous a donnée, c'est de dire une fois que tout le monde est arrivé : « Si c'est compliqué pour vous d'arriver à l'heure à cette réunion hebdomadaire, on peut décaler l'horaire. Qu'en pensez-vous ? » 99 % de chance que tout le monde vous réponde que l'horaire convient, et s'engage donc à venir pile à l'heure à la réunion de la semaine suivante.

1 écran

Vos pires ennemis en réunion ? Les ordinateurs ou les smartphones. Pour éviter de les consulter, vous pouvez instaurer la règle de la tour de téléphones où tout le monde empile les téléphones les uns au dessus des autres (« *phone tower* ») et la règle des écrans à plat (« *laptops down* »).

2 pizzas

Appliquez la règle des deux pizzas, formulée par Jeff Bezos, le fondateur d'Amazon : n'organisez jamais une réunion où il faudrait commander plus de deux pizzas pour nourrir tout le monde. Autrement dit : 6 personnes maximum, voire 4 si vous aimez vraiment les pizzas. Toutes les autres pourront être informées des décisions tout simplement *via* l'e-mail de compte-rendu. Si ça fonctionne pour Amazon, ça devrait marcher pour vous aussi.

30 minutes

Vous connaissez peut-être la loi de Parkinson, du nom de l'historien britannique qui l'a constatée dans le monde de l'administration : « le travail s'étale toujours de façon à occuper le temps disponible pour sa réalisation. » Ça vaut aussi pour les réunions.

Ne soyez pas esclave de la configuration de votre calendrier, calée sur des invitations d'une heure. C'est beaucoup trop. Dans la plupart des cas, une réunion d'une demi-heure suffit à prendre une décision. Changez donc la durée par défaut des réunions sur 30 minutes. Si vous utilisez Google Calendar, vous pouvez aussi activer la fonction *Speedy meetings* qui fait automatiquement terminer en avance de 5 minutes les réunions. Ça vous permettra d'arriver à la réunion suivante à l'heure. Pour les réunions de moins de 15 minutes, faites des « stand-up meetings », debout autour d'une table haute. Quand on est debout, on est moins enclin à avoir des discussions interminables.

Mais n'oubliez pas qu'une réunion efficace, ça passe d'abord par un ordre du jour bien pensé. C'est comme en cuisine : si les instructions de la recette ne sont pas justes, vous raterez votre plat – même si vous vous appliquez du mieux que vous pouvez. Voici quelques règles à suivre :

> Annoncez systématiquement l'ordre du jour à l'ensemble des participants au début de la réunion. Mieux : inscrivez-le directement dans l'intitulé de la réunion quand vous envoyez une invitation. Une

réunion sans objectif, c'est comme la fin du troisième épisode du Seigneur des anneaux, ça s'éternise.

> Formulez cet ordre du jour sous forme d'objectifs. Au lieu d'écrire par exemple « Discussion service client », écrivez « Comment améliorer notre service client l'année prochaine ? ». Ça vous forcera à sortir de la réunion avec cet objectif accompli.

> Commencez l'ordre du jour par les objectifs dont vous savez que vous pourrez les atteindre dans le temps imparti, et gardez les sujets de discussion plus incertains pour la fin. Sinon, vous risquerez de ne pas couvrir tous les objectifs par manque de temps ou d'énergie. C'est typiquement le cas pour un brainstorm créatif – calez-le dans la mesure du possible en fin de réunion :

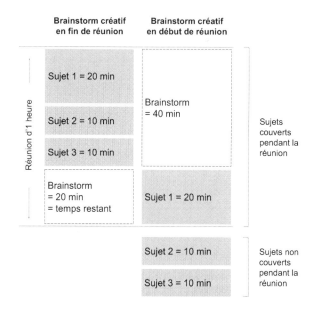

> Pendant la réunion, évitez à tout prix les digressions. Vous pouvez par exemple placer toutes les idées périphériques et digressions dans une « boîte à idées », sur un papier ou un tableau blanc à disposition. Ça permettra de river l'attention de tous les participants sur l'ordre du jour.

> La réunion doit se terminer avec l'objectif atteint, les décisions prises et les prochaines étapes définies pour chacun, avec des deadlines précises. En général, pas besoin d'écrire plus de 3 ou 4 lignes, pas besoin de faire un énorme pavé de compte rendu…

TWENTY-EIGHTY RULE : 20 % DES EFFORTS POUR 80 % DE L'IMPACT

Vilfredo Pareto, un économiste italien, a découvert à la fin du XIXème qu'en Angleterre, 20 % des propriétaires possédaient 80 % des richesses… Mais ce qui l'a vraiment fasciné, c'est de découvrir que cette répartition était vérifiée à n'importe quelle époque et dans n'importe quel pays. Il avait découvert une loi universelle sur la répartition des richesses : le désormais célèbre principe de Pareto. Ce n'est que quelques décennies plus tard qu'on a commencé à découvrir qu'il s'appliquait à énormément d'autres domaines de l'économie : 20 % des clients rapportent 80 % du chiffre d'affaires, 20 % des causes produisent 80 %

des problèmes de production dans une usine, etc. Bien sûr, ce ratio de 20/80 peut varier, et être parfois plutôt de 30/70 ou de 10/90, mais vous avez l'idée.

La bonne nouvelle, c'est que ce principe peut dépasser le domaine économique et s'appliquer aussi à votre quotidien. Comme 20 % des causes produisent 80 % des conséquences, vous pouvez concentrer vos efforts sur ces 20 %. C'est assez contre-intuitif : on a toujours tendance à penser que des efforts d'intensité égale auront plus ou moins les mêmes résultats, que tous les clients vaudront à peu près la même chose, que chaque jour passé sur un projet aura plus ou moins le même impact...

Pourtant, vous avez une énorme réserve de productivité sous le pied : vous pouvez laisser tomber les 80 % d'actions à faible impact et vous concentrer sur les 20 % les plus importantes. Par exemple :

> Si vous passez un examen et que 80 % de la note est déterminée par deux épreuves, vous pouvez oublier toutes les autres et allouer votre énergie sur les deux principales.

> Si vous lancez une start-up, faites 20 % des efforts pour obtenir 80 % des fonctionnalités de votre produit et confrontez-vous au marché. Cela vous permettra d'avoir les premiers retours des clients et

de commencer à itérer. Ne perdez pas du temps à faire 80 % des efforts restants pour développer les fonctionnalités supplémentaires… Reid Hoffman, le fondateur de Linkedin, disait : « si vous n'avez pas honte de votre produit, c'est que vous l'avez sorti trop tard ».

> Si vous devez rédiger un rapport ou construire une présentation, concentrez-vous sur les 20 % d'efforts qui auront 80 % de l'impact sur votre interlocuteur. Par exemple, si vous savez qu'il sera sensible à un certain type d'argument, bétonnez votre rapport sur cette partie, et évacuez le reste. Acceptez de ne pas aller au bout d'un sujet si ça vous permet d'atteindre votre objectif. Réaliser une tâche, ce n'est pas l'exécuter à la perfection, c'est consentir juste assez d'efforts pour obtenir le résultat escompté. Vous avez mieux à faire que de passer du temps à peaufiner.

Dans la réalité du quotidien, c'est assez difficile de se forcer à s'arrêter quand on sait qu'on peut aller plus loin. Alors pour vous aider à appliquer ce principe de 20/80, définissez des deadlines « irréalistes ».

Pour écrire une première version de ce livre, on s'était donné seulement un week-end. Cette contrainte forte nous a obligé à aller vraiment à l'essentiel et ne pas perdre de temps sur des détails.

Vous devez envoyer une proposition commerciale compliquée ? Bloquez une heure de votre temps et envoyez-la à votre client quoi qu'il arrive à la fin de cette heure. Vous serez bluffé par votre capacité à aller à l'essentiel.

Mieux vaut avoir terminé quelque chose que de rechercher une perfection inutile.

Conclusion :
que faire de cette
« 25ᵉ Heure » ?

S i vous appliquez les conseils de ce livre, vous devriez pouvoir libérer plusieurs heures chaque jour. A vous de choisir ce que vous voulez en faire.

Vous pouvez convertir ces gains de productivité de deux manières : en argent ou en temps.

Première option : convertir ces gains de productivité en gain financier. C'est celle qui s'imposera naturellement si vous ne changez rien à votre rythme et que vous restez en « pilote automatique ». Votre travail s'étalera jusqu'à occuper tout le temps disponible, vous en ferez encore plus, vous développerez votre activité encore plus rapidement, vous serez promu peut-être encore plus vite… C'est en gros le choix que l'humanité a fait depuis le début de la révolution industrielle avec le développement de la société de consommation. Nous avons profité de gigantesques gains de productivité non pas pour travailler moins, mais pour augmenter nos revenus et consommer toujours plus.

Qui ne souhaite pas augmenter son niveau de vie ? Accroître ses revenus permet de s'offrir plus de biens matériels et de loisirs. Et cela nous rend heureux. Enfin … c'est ce qu'on croit. Vous connaissez peut-être l'étude géante des deux prix Nobel d'économie Angus Deaton et Daniel Kahneman sur le seuil des 75 000 dollars de revenus par foyer[16]. Les deux chercheurs ont d'abord cherché à évaluer la perception *subjective* du bonheur en fonction des revenus. Ils ont posé à plus de 450 000 personnes la question « sur une échelle de 0 à 10, 10 représentant la meilleure vie possible pour vous, où pensez-vous personnellement vous situer à cet instant ? ». Verdict : cette *impression* de bonheur augmente bien au fur et à mesure des revenus. En gros, si vous vous appelez Elon Musk et que votre job, c'est de lancer des fusées, vous aurez l'impression d'avoir mieux réussi votre vie. En revanche, l'histoire est très différente quand les chercheurs ont évalué le niveau de bonheur *réel*, en posant des questions du type « Avez-vous ressenti beaucoup de joie / plaisir / stress / colère / etc. hier ? » ou encore « Avez-vous beaucoup souri ou ri

---

[16] High income improves evaluation of life but not emotional well-being, 2010 – Angus Deaton et Daniel Kahneman (chacun prix Nobel d'Economie). Etude menée sur plus de 450 000 répondants.

hier ? ». Le niveau de bonheur réel augmente avec les revenus, mais seulement jusqu'à un certain seuil : 75 000 dollars de revenus par an. A partir de là, le bonheur objectif, mesuré par les émotions ressenties, arrête d'augmenter. Parce que même si vous vous appelez Elon Musk, vous risquez par exemple de ressentir un paquet de coups de stress dans la journée...

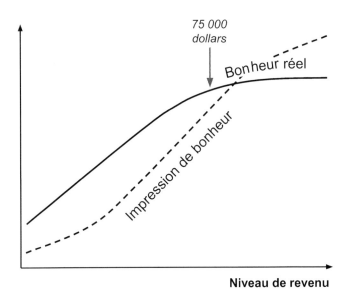

Bien sûr, ce seuil de 75 000 dollars n'est qu'une moyenne et ne sera jamais le même pour tout le monde. Mais ce qu'il faut retenir, c'est que pour être heureux, vous avez besoin d'un niveau de revenus souvent moins élevé que vous ne l'auriez pensé. C'est celui qui permet de se soigner, de prendre un verre avec ses amis, de partir en vacances ou de passer du temps avec sa famille autour d'un repas. Au-delà de ce niveau, vous pourrez vous acheter une Maserati, voyager en première classe, séjourner dans des hôtels de luxe – mais cela n'augmentera pas votre bonheur *réel*.

Heureusement, vous avez une deuxième option : convertir vos gains de productivité en temps « libre », en décidant de partir un peu plus tôt chaque soir, voire de prendre une journée *off* par semaine ou de vous mettre à mi-temps.

Dans les pays anglo-saxons ou dans le Nord de l'Europe, ces choix de vie sont aujourd'hui largement acceptés. En Allemagne, si quelqu'un part du bureau après 18h, on considérera cela comme un symptôme d'inefficacité et on se demandera plutôt s'il n'a pas un problème d'organisation personnelle. Aux Pays-Bas, plus de la moitié des salariés travaillent à temps partiel, dont beaucoup aux quatre cinquièmes, pour s'accorder du temps pour leur vie de famille, pour le volontariat, pour la formation… En France, les journées raccourcies ou le temps partiel sont encore perçus comme des signes de désengagement professionnel. Pour partir à 18h, il faut d'abord affronter le regard suspicieux de ses collègues. Une pression collective qu'on a même tendance à intérioriser : on a le sentiment de prouver sa valeur au travail en annonçant qu'on est

« sous l'eau » ou « débordé ». Inspirez-vous plutôt de ce qui se passe chez nos voisins.

Il est aussi intéressant de prendre une perspective historique sur la valeur « travail ». Pendant très longtemps, on a valorisé l'oisiveté bien plus que le travail. La plupart des sociétés de chasseurs-cueilleurs n'avaient besoin de chercher de la nourriture que quelques heures par jour, ce qui impliquait des semaines de « travail » beaucoup moins longues qu'aujourd'hui, de vingt à trente heures maximum. Pendant l'Antiquité, le travail était même considéré comme un asservissement contraire à la dignité humaine : l'homme devait s'épanouir avant tout dans les loisirs. Chez les Romains, on valorisait ainsi l'*otium*, un temps de repos pendant lequel on s'adonnait à la méditation, à la lecture, à la vie sociale ou politique… Au Moyen-Âge, le travail était vu comme une punition divine infligée suite au péché originel. Les seigneurs et les chevaliers préféraient chasser, guerroyer ou assister aux tournois. Les paysans et artisans travaillaient certes parfois de longues journées, mais les nombreuses fêtes religieuses leur permettaient d'être tranquilles 90 jours par an. Et comme il était interdit de travailler à la lueur de la bougie, de nombreuses journées d'hiver étaient *de facto* travaillées à temps partiel… C'est seulement au XIXe siècle, après le début de la première révolution industrielle, qu'on a commencé à considérer le bien-être matériel comme première source de bonheur et développer une vision aussi positive du travail.

Personne ne s'est jamais dit sur son lit de mort : « j'aurais aimé passer un peu plus de temps au bureau. » Si vous êtes parvenu à augmenter votre productivité, vous êtes en droit d'investir votre temps dans des activités non rémunérées : profiter plus de vos amis et votre famille, bosser sur des projets qui vous passionnent, vous former sur de nouvelles compétences, faire du volontariat… Ces activités peuvent être sources de bonheur, mais peuvent également vous nourrir personnellement. Considérez ces moments de pause comme des périodes de « jachère » qui pourraient faire naître des opportunités payantes sur le long terme.

L'avenir appartient à ceux qui travaillent moins.

Outils

Voici un récapitulatif de tous les outils abordés dans ce livre. Une bonne *checklist* pour vérifier si vous n'avez rien oublié d'installer. Promis, on ne touche aucune comm' sur les installations :)

La liste des outils est également accessible directement sur cette page : www.25hbook.com/outils

JE RESTE CONCENTRÉ POUR ACCOMPLIR UNE TÂCHE

En évitant les tentations de distraction

> Stayfocusd, Freedom ou SelfControl (gratuits) : Je me force à ne pas me connecter sur Facebook ou sur les autres sites de mon choix pendant le temps que je souhaite.

> Inbox when Ready pour Gmail (gratuit) : je masque ma boîte de réception par défaut pour continuer à

écrire des e-mails tout au long de la journée sans jamais être distrait par les nouveaux qui arrivent.

> Unroll.Me (gratuit) : Je me désabonne de toutes mes newsletters en quelques clics.

En utilisant la technique du *parking*

> Pocket (gratuit) : Je sauvegarde tous les articles et sites web que je veux lire plus tard. Ils sont ensuite accessibles sur tous mes appareils.

En créant un environnement optimal

> Noisli (gratuit) : Ce site recrée des dizaines de fonds sonores pour me transporter dans un café, dans un train, près d'une rivière ou dans une cabane pendant un orage.

J'ACCÉLÈRE MA NAVIGATION SUR LE WEB GRÂCE AUX APPLICATIONS ET EXTENSIONS CHROME

> AdBlock (gratuit) : Cette extension bloque les vidéos en *pré-roll* et autres publicités qui me ralentissent sur le web.

> Dashlane (*gratuit pour les fonctionnalités de base*) : Je n'ai plus qu'à retenir un meta mot de passe qui est mon sésame pour tous les sites web. Dashlane remplit aussi

les formulaires avec mes coordonnées à ma place et retient mon numéro de carte bancaire pour faciliter mes paiements en ligne.

> Resulter (gratuit) : au lieu de cliquer sur les résultats Google avec ma souris, j'utilise les flèches du bas et du haut de mon clavier pour accéder au résultat de mon choix

> OneTab (gratuit) : Je ferme en un clic tous les onglets de mon navigateur. Ça me libère immédiatement de la mémoire.

> The Great Suspender (gratuit) : Suspend automatiquement les onglets inactifs pour libérer de la mémoire. Je peux définir les règles, par exemple ne pas désactiver les onglets qui contiennent des formulaires que je n'ai pas encore validés.

> AutoPagerize (gratuit) : Transforme n'importe quelle page en scroll infini, plus besoin de cliquer sur « Résultats suivants » ou « Page suivante ».

> AutoPatchWork (gratuit) : Transforme n'importe quelle page en scroll infini, plus besoin de cliquer sur « Résultats suivants » ou « Page suivante ».

> Don't Fuck With Paste (gratuit): Permet de copier / coller, même sur les champs de formulaires qui l'interdisent normalement.

J'ACCÉLÈRE TOUTES LES ACTIVITÉS RELATIVES AUX E-MAILS

> MixMax (*gratuit ou plusieurs formules payantes entre $9 et $50 par mois*) : MixMax, c'est l'outil de productivité ultime pour Gmail, c'est la somme de toutes les fonctionnalités que les autres solutions proposent. Mixmax permet le publipostage d'e-mails, le tracking, l'utilisation de modèles d'e-mails pré-remplis (*templates*) et leur partage dans une équipe, les fonctionnalités d'envoi d'e-mail programmé, l'intégration avec Salesforce et la proposition automatisée de créneaux dans son calendrier ! La version gratuite de Mixmax vous permet d'utiliser 10 fois chaque fonctionnalité par mois… C'est déjà très bien pour commencer. Seule la fonction « publipostage » n'est accessible que dans les versions payantes (mais pour ça, vous pouvez utiliser la version gratuite de Yet Another Mail Merge, un outil moins paramétrable mais néanmoins très bien foutu).

> Je tiens à jour mon carnet de contacts

  - Je récupère les informations LinkedIn de mes interlocuteurs avec l'extension LinkedIn Sales Navigator.

  - J'enrichis et je synchronise mes fiches contact (photo, profils réseaux sociaux…) avec Fullcontact.

> Je cherche un e-mail d'un contact que je ne connais pas encore

- Clearbit pour Gmail (gratuit pour 100 crédits de recherches par mois) me permet de trouver l'e-mail de n'importe qui en entrant son nom et le nom de l'entreprise concernée.

- Hunter, si je ne trouve pas l'e-mail sur Clearbit. Hunter recherche tous les e-mails d'une entreprise disponibles publiquement sur le web afin de reconstituer son format type d'e-mail, comme par exemple prénom.nom@entreprise.com.

> J'applique la méthode Inbox Zero

- J'active la fonction de raccourcis clavier dans Gmail.

- J'active notamment la fonctionnalité 'Envoyer et archiver' dans les paramètres de Gmail. Cela me permet d'envoyer et archiver immédiatement en cliquant sur un seul bouton après y avoir répondu.

- Je mets en place des filtres qui envoient certains e-mails directement en archives. Par exemple, les acceptations d'invitation, sauf celles de mon boss parce que je veux savoir s'il va se pointer à la réunion ou s'il va appliquer les règles du paragraphe *La puissance du non* . Voici le filtre à mettre en place : *from: -(boss@societe.com); subject: (accepted:); has the words: *.ics; has: attachment; Do this: Skip Inbox, Apply label « Accepted Invite »*.

– J'utilise des libellés automatiquement appliqués à mes e-mails. Par exemple, Les e-mails de mon boss sont libellés VIP1 et apparaissent en rouge vif. Voici le filtre à mettre en place : *from : boss@ societe.com; Apply label « VIP1 ».*

J'ANTICIPE LES MOMENTS OÙ JE N'AURAI PAS DE CONNEXION INTERNET

> Google Drive Offline (gratuit) : Cette extension Chrome permet d'utiliser Google Docs, Sheets et Slides en mode hors ligne quand je suis dans l'avion ou n'ai pas de connexion internet. Il faut pour cela aussi activer l'option Éditer en mode hors ligne dans les paramètre de Google Docs.

J'AUTOMATISE TOUTES LES TÂCHES QUE JE RÉALISE AUJOURD'HUI MANUELLEMENT PLUS D'UNE FOIS

> Si mes applications sont éligibles : Zapier (version gratuite et version pro à $20 par mois) ou IFTTT (*gratuits*)
> Si mes applications sont trop spécifiques : UiPath
> Pour automatiser ma gestion de fichiers : Hazel (Mac uniquement, $32 payable une seule fois), DropIt (équivalent de Hazel pour PC, gratuit)

J'ACCÉLÈRE MES TÂCHES QUOTIDIENNES

> Alfred App (gratuit pour la recherche, $25 payable une seule fois pour les autres fonctionnalités) pour rechercher un fichier ou lancer une application rapidement sans utiliser la souris, accélérer ma vitesse d'écriture *via* les « snippets », utiliser un gestionnaire de presse-papiers ou accéder très rapidement aux recherches web de mon choix *via* les « web custom searches »

> Swiftkey (appli mobile gratuite) : j'accélère ma vitesse d'écriture sur smartphone

> J'améliore ma vitesse de dactylographie. Je teste ma vitesse actuelle sur 10fastfingers et je m'entraîne sur Typingclub.

> CloudApp (gratuit pour les fonctionnalités de base, jusqu'à $25 par mois pour les fonctionnalités avancées). Je réalise, annote et partage des captures d'écran et des gifs animés en quelques clics. Le partage se fait au moyen d'un lien hypertexte, idéal pour l'inclure dans un e-mail.

> aText ou Auto Text Expander ($5 à $35 payable une seule fois). J'accélère mon écriture. Par exemple, quand je saisis « :adr », c'est l'adresse complète de mes bureaux qui apparaissent.

> Paste (gratuit) : Appli qui réinvente le Presse-Papiers en sauvegardant l'historique de vos copier / coller

> Expensify : j'automatise ma gestion de notes de frais. Quand je reçois une facture par e-mail, je le transfère simplement à receipts@expensify.com
> iScanner (iOS ou Android) : je scanne n'importe quel document rapidement avec un niveau de qualité presque équivalent à celui d'un vrai scanner
> Franz : je vérifie toutes mes messageries dans une seule interface : Gmail, Whatsapp, Messenger, Slack, Skype…

J'UTILISE MON ORDINATEUR AU LIEU DE MON TÉLÉPHONE PORTABLE, POUR GAGNER EN RAPIDITÉ

> MightyText ($5 par mois, pour Android uniquement). J'envoie et programme des sms depuis mon ordinateur (idéal pour les sms d'anniversaires), je fais du publipostage de sms (chaque destinataire croit que je lui envoie un sms personnalisé), je lance un appel depuis l'extension MightyText. AirDroid marche également très bien pour iOS et Android.
> Whatsapp pour le web (gratuit) – web.whatsapp.com. Existe aussi en version appli.

JE REJOINS LA COMMUNAUTÉ DE LA 25ᴱ HEURE

> Sur Facebook : 25hbook
> Sur Twitter : @25hbook
> Sur Linkedin : 25hbook

Remerciements

Parmi les startuppers qui ont contribué, on voudrait remercier en particulier, par ordre alphabétique :

David Adamczyk (Rentalcars.com)

Deyola Adekunle (HotelTonight)

Maxime Alay-Eddine (Cyberwatch)

Emmanuel Alquier (Hurikat)

Pierre-Camille Altman (MyDiabby)

Omid Ashtari (Citymapper)

Abhinav Asthana (Postman)

Kelvin Au (Metail)

Maxime Barbier (MinuteBuzz)

Thomas Barret (The Morning Company)

David Baruchel (Bridges)

Benjamin Bely (Baroudeur)

Emmanuelle Bersier (Frichti)

Florent Berthet (École Nikola Tesla)

Mary Biggins (Mealpal)

Camille Blaise (Neocamino)

Hervé Bloch (Les BigBoss)

Antoine Bolze (Bobbies)

Tilo Bonow (Piabo)

Damien Börjesson (Hinthunt, les Pinces, les Piaules…)

Alex Bortolotti (Wpchef)

Dimitri Bosch (Le Wagon)

Alexis Botaya (Soon Soon Soon)

Benoît Bouffart (Voyages-sncf.com)

Hervé Bourdon (Shake your ecommerce)

David Boureau (Indépendant)

Emmanuel Bourmalo (PayFit)

Augustin Bouyer (We Van)

Cedric Boyer Chammard (Oh! my diode)

Stan Boyet (Drawbotics)

Gavrilo Bozovic (Teleport Ninja)

Sebastian Brannstrom (Lyft)

William Brassier (Comarch)

Michael Bremmer (Telecom Quotes)

Antoine Brenner (Gymglish)

Sylvain Brissot (LeB612)

Rose Broome (Hand Up)

Geoffrey Bruyère (Bonne Gueule)

Stewart Butterfield (Slack)

Julien Callede (Made.com)

Jerome Calot (Compte Nickel)

Sébastien Camus (Avisi)

David Cancel (Drift)

Emilio Capela (Lord Wilmore)

Holly Cardew (Pixc)

Louis Carle (Maddyness)

Sébastien Caron (Mapstr)

Adelia Carrillo (Direct Cannabis Network)

Tom Carter (Ultrahaptics)

Franck Caudrelier (Sport Heroes)

Damien Cavailles (jeChercheUnDev.fr)

Thomas Ceccaldi (Roadstr)

Jean-Louis Chamboredon (ISAI)

Romain Champourlier (JobTeaser)

Lionel Chouraqui (Pitchy)

Jérémy Clédat (JukeBox, Welcome to The Jungle)

David Cohen (Tech stars)

Romain Cottard (Ader Finance)

Julien Coulaud (Plany)

Xavier Damman (Open Collective)

Aurélie Danglas (Netflix)

Robin Dauzon (Bankin')

Guillaume David (Madeinvote)

Kevin Davis (Amazon)

Abram Dawson (SV Angel)

Augustin de Belloy (Left Productions)

Godefroy de Bentzmann (Devoteam)

Quentin de Colombieres (Monsieur Peinture)

Jean de La Rochebrochard (Kima Ventures)

Cedric De Saint Léger (Engagement Labs)

Louis De Vaumas (Care my Car)

Cecilia Debry (Little Panda)

Julien Decroix (Merchandising.IO)

Adrien Degouve (CropTheBlock)

Florian Delifer (Office Riders)

Alex Delivet (B2B Rocks)

Tiffany Depardieu (Fraîche)

Marc Désenfant (Actito France)

Philippe Desgranges (Mana Cube)

Grégoire Devoucoux (Ferpection)

Jérémy Doutté (Jumia)

Adam Draper (Boost VC)

Vincent Dromer (Klap)

Antoine Dubois-Randé (Facebook)

Alexis Ducros (Upday)

Sean Duffy (Omada Health)

Florian Dupas (Millefeuilletons)

Manutea Dupont (HelloFresh)

Daniel Ek (Spotify)

Thibaud Elziere (Fotolia, eFounders)

Ryan Evans (Tend)

Gilles Fabre (Avrio)

Adrien Falcon (Deliveroo)

Mary Fallen (Kidizen)

Denis Fayolle (la Fourchette, Zensoon, Mano Mano)

Jonathan Ferrebeuf (Mozoo)

Antoine Ferrier-Battner (Delakee)

Ashley Finch (Sheryl Sandberg & Dave Goldberg Family
Foundation, LeanIn)

Florian Fine (Boxmyjob)

Étienne Fischer (WinGoo Solutions)

Sylvie Fleury (Hunteed)

Stéphanie Florentin (Edgar People)

Lucile Foroni (Doist)

Tiago Forte (Forte Labs)

Nicolas Fouché (Onfocus)

Benjamin Fouquet (Mon Petit Gazon)

Bruno Fridlansky (Social Dynamite)

Jean-Charles Gabaix (Redbooth)

Thomas Gabelle (Nemo, l'Archipel)

Anh-Tuan Gai (Onfocus)

Michel Galibert (Margo Bank)

Clayton Gardner (Titan)

Antoine Garnier (Hired)

Joshua Gartland (Eatsa)

Antoine Gastal (Adveris)

Cédric Gaudard (Station F)

Fabrice Gaumont (Bienvenue WiFi)

Olivier Gemayel (DayUse)

Anthemos Georgiades (Zumper)

Guillaume Gibault (Le Slip Français)

Grégoire Gilbert (Nerdy Makers)

Ray Gillenwater (Speak Up)

Kim Gjerstad (MailPoet)

Alison Go (Facebook)

Olivier Godement (Stripe)

Tanguy Goretti (Djump, Menu Next Door, Cowboy)

Michel Gotlib (Sporever, Mon-marche.fr, Bloom)

Jeanne Granger (The New School - Parsons)

François Grante (Firmapi)

Nick Gray (Museum Hack)

Matt Greener (Keen)

Olivier Grémillon (Booking.com)

Thomas Guillory (Dashlane)

Daniel Ha (Disqus)

Kristen Hadeed (Student Maid)

Laurin Hainy (Le Studio VC)

Marie Hardel (HotelTonight)

Yan Hascoet (Chauffeur Privé)

Benoit Hediard (Benorama)

Émeric Henon (Uber)

Sean Henry (Stord)

Calvin Hohener (Saleshood)

Ryan Hoover (Product Hunt)

Tatiana Jama (Dealissime, Selectionnist)

Baptiste Jamin (Mywaystar)

Benjamin Jean (Edgar People)

Cyril Jessua (OPnGO)

Karim Jourdain (Cairop)

Oliver Jung (Indépendant)

Sylvain Kalache (Holberton School)

Gil Katz (Comic Reply)

Anne Kavanagh (Steereo)

Laurent Kennel (Ofo)

Louis Kerveillant (Hinthunt, les Pinces, les Piaules...)

Vahritch Kharmendjian (WINGiT)

Graciela Kincaid (Dropbox)

Geoffrey Kretz (Woozinshop)

Kevin Labory (Ciwik)

Jessica Lachs (Doordash)

Quentin Lacointa (Growth Tribe)

Margaux Lajouanie (PayFit)

David Lakomski (Web Technologies Startups)

Thomas Lang (Chefclub)

Marie Le Louarn (Hotwire)

Antoine Leclercq (Crezeo)

Tristan Legros (Yellowcake)

Stanislas Leloup (Marketing Mania)

Alexandre Lemétais (LaFourchette)

Fabrice Lenoble (geeZot)

Ben Lerer (Group Nine Media)

Arnaud Limbourg (Ferpection)

Chris LoPresti (TouchPoints)

Ludo Louis (BB Switzerland)

Aura Lunde (Careem)

Mai Ly Nguyen - Terreaux (The Other Store)

Riana Lynn (Food Trace)

Robby Macdonell (Rescuetime)

Gautier Machelon (Multiposting, Bureaux à Partager, Javelo)

Thibaut Mallecourt (Les Petits Frenchies)

Nicolas Maloeuvre (Steeple)

Kevin Mamode (Digitools)

Cédric Mao (Fly The Nest)

Justin Mares (Kettle & Fire)

Hadrien Matringe (Roccamore)

Olivier Maurel (Sync & Think, Co-Gîtons)

Nicole Mazza (Stuart)

Frédéric Mazzella (Blablacar)

Melody McCloskey (StyleSeat)

Michelle McGovern (uforia studios)

Claire McTaggart (Square Peg)

Tom Mendoza (EQT Ventures)

Jeroen Merchiers (Airbnb)

Magali Mermet (Family Twist)

David Micheau (Up'n BIZ)

Matt Mickiewicz (Hired)

Paul Midy (Jumia Travel)

Georges Mitchell (Aimia)

Vincent Moindrot (Carlili)

Gillian Morris (Hitlist)

Axel Mouquet (Webhelp)

Tomas Moyano (Hella Ventures)

Max Mullen (Instacart)

Félix Mündler (Viseo)

Fabrice Nadjari (Studio 55)

Vincent Nallatamby (Tempow)

Thomas Nanterme (Mercurr)

Kris Narunatvanich (Facebook)

Dai Nguyen (HandsOn)

Martin Ohannessian (Le Petit Ballon)

Dominique Palacci (Stimshop)

Nic Pantucci (Waystocap)

Luca Parducci (Via)

Neil Parikh (Casper)

Kathrin Parmentier (PhotoBox)

Christophe Pasquier (Slite)

Jonathan Path (Frontendperfect, Greaaat)

Thibaut Patouillard (Mesdocteurs.com)

Jean-Marc Patouillaud (Partech Ventures)

Melvin Paz (Action Sensor)

Nilan Peiris (Transferwise)

Vincent Pere (Monsieurtshirt)

Charles-Alexandre Peretz (Les Nouveaux Ateliers)

Tanguy Perodeau (Labelium)

Jean Perret (Artips)

Laurent Perrin (Front)

Ben Peterson (BambooHR)

Julien Petit (J99fundraising)

Michael Phillips Moskowitz (AeBeZe Lab)

Mathieu Picard (Anyleads)

Anastasia Pichereau (MyDiabby)

Magalie Pigeon (The Caribbean Tech)

Adam Pittenger (Moved)

Sam Plunkett (Lyft)

Antoine Porte (Lydia)

Charles-Henri Prevost (Blisce, fondation Epic)

Nicolas Princen (Glose)

Jeremie Prouteau (Wecook)

Yannick Quenec'hdu (Seekoe)

Manoj Ranaweera (Techcelerate)

Naval Ravikant (AngelList)

Timothée Raymond (Equinoa)

Francois Raynaud de Fitte (Pop Chef)

Navdeep Reddy (Enplug)

Mathieu Remy (ExperTeam Corp)

Maxime Renault (Monbanquet)

Kévin Richard (Cultivaref)

Camille Richon (Payfacile)

Adam Ringler (HotelTonight)

Kayla Roark (France Digitale)

Julien Robert (Happy Couple)

Kevin Roche (Wellthy)

Polly Rodriguez (Unbound Babes)

William Roy (William Roy Coaching)

Ariel Rozenblum (Dream Catcher Sales)

Pierre-Emmanuel Saint-Esprit (HelloZack)

Martin Saint-Macary (Vyte)

Baptiste Saintaubin (Indépendant)

Ryan Sanders (BambooHR)

Aurélien Schmitter (SolidAnim)

Erik Schünemann (SumUp)

Amir Segall (HotelTonight)

Sevak Sevak (Charp)

Rubin Sfadj (Proposition 47)

Cedric Sisco (Rocket Entrepreneur)

Pierre-Édouard Stérin (Otium Capital, Smartbox, Weekendesk, Balinéa)

Alix Taffle (MorningCroissant)

Tao Tao (GetYourGuide)

Florent Tardivel (Stripe)

Chris Taylor (Ofo)

Michael Terrel (Terrell Leadership Group LLC)

Yann Teyssier (ITycom)

Anke Thiele (The Human Link)

Anh Tho Chuong (Qonto)

Benjamin Tierny (Dernier Cri)

Cédric Tomissi (Zéphyr Solar)

Hao Tran (Vietcetera)

Stephanie Trang (Pink Out Loud)

Mark Trevail (Transferwise)

Olivier Trouille (Quesp)

Laurent Untereiner (Untereiner)

Kathleen Utecht (Core Innovation Capital)

Mikael Uzan (Wemind)

Matthieu Valle (Isatis)

Antoine Van den Broek (La Mutinerie)

Roxanne Varza (Halle Freyssinet)

Arnaud Velten (Bounty Factory)

Marc Verstaen (Anaxi)

Antoine Vettes (Upslide)

Geoffrey Vidal (Demooz)

Jose Vieitez (Boomtown Accelerator)

Markus Villig (Taxify)

Sébastien Vollant (Shapers)

Thomas VOLPI (Houzz)

Ryan Williams (Jopwell)

Claire Wozniak (Google)

Eric Yuan (Zoom)

Alice Zagury (The Family)

Benjamin Zenou (SimpliField)

Un immense merci également à nos précieux relecteurs, pour leur vigilance hors pair et surtout pour leur grande franchise (la v54 n'a plus grand chose à voir avec la v1 !) : Claire Wozniak, Romain Francoz, Viken Darakdjian, Alexandra Le Guiner, Jérémy Doutté, Jonathan Ferrebeuf, David Micheau, Julien Leynaud, Yannick Quenec'hdu, Thomas Cambau, Philippe Desgranges, Flora Ganther, Sara Moarif, Simon Bennett et à Axel Thorwirth pour la – magnifique – cover du livre. Un très grand merci également à Alex Oprescu pour son professionnalisme sur le maquettage du livre et Micaela Podrzaj pour sa créativité sur les illustrations.

Si vous avez appris des choses et apprécié la lecture, n'hésitez pas à laisser un commentaire sur la Fnac ou sur Amazon, un coup de pouce serait le bienvenu :)

Et si vous pensez que cette lecture pourrait aussi servir à vos collègues, vous pouvez faire des commandes groupées du livre sur www.25hbook.com/entreprises. Et on peut même se déplacer : jetez un coup d'oeil sur www.25hbook.com/conf

12998943R00124

Printed in Germany
by Amazon Distribution
GmbH, Leipzig